Der kleine Erziehungsratgeber

Helmut Zöpfl

Der kleine Erziehungsratgeber

Unter Mitarbeit von
Dr. Josef Heigl

Pattloch

Dem lieben Freund Hans Zehetmair
zum 60. Geburtstag

Die Deutsche Bibliothek – CIP-Einheitsaufnahme

Zöpfl, Helmut:
Der kleine Erziehungsratgeber / Helmut Zöpfl. - Augsburg :
Pattloch, 1996
ISBN 3-629-00657-4

Pattloch Verlag, Augsburg

Umschlaggestaltung: Peter Engel
unter Verwendung einer Illustration
von A. Holtfreter-Glienke
Satz: 10/13 P. Usherwood medium von
Utesch Satztechnik GmbH, Hamburg
Druck und Bindung: Wiener Verlag, Himberg
Printed in Austria

ISBN 3-629-00657-4

Inhalt

III. Erziehung braucht Grundsätze

IV. Ein nützlicher Anhang – Erziehungshilfe in Geschichten und Gedichten

Weshalb ich dieses Buch schreibe

O selig ein Kind noch zu sein ...

Erinnert sich nicht jeder,
der einst ein Kind war,
an die Seligkeit,
wenn ein Wunsch in Erfüllung ging,
oder man ein kleines Geschenk erhielt?

Erinnert sich aber auch nicht jeder
an die abgrundtiefe, schwarze
Verzweiflung
angesichts eines kaputten Spielzeugs,
an die Angst vor Schulstrafen,
wenn man seine Aufgaben wieder nicht
gemacht hatte?

Denken Sie auch hin und wieder an Ihre Kindheit?

- Erinnern Sie sich manchmal an einen Tag, an dem Sie bedrückt von der Schule nach Hause kamen und Ihre Mutter Sie ohne lange zu fragen in den Arm nahm und Ihnen in wenigen Minuten all die Kraft gab, die Sie brauchten, um wieder an die Zukunft zu glauben?
- Erinnern Sie sich auch an einen Tag, als Sie sehr krank waren, Ihre Mutter Sie lange streichelte, Ihre Hand hielt und Sie wußten, ich werde wieder gesund?
- Oder erinnern Sie sich an einen Tag, an dem Sie voller Trauer waren, Ihr Vater seine Hand um Ihre Schulter legte und Sie spürten, da bin ich geborgen?

Wenn Sie in diesem Buch nach Rezepten suchen, um aus Ihren Kindern Megastars, Akrobaten, Nobelpreisträger oder Hochleistungssportler zu machen, wenn Ihnen die Erinnerungen an Ihre eigene Kindheit nur lästig sind, oder wenn Sie – wie der Großteil unserer Medien – die Meinung vertreten, daß ohnehin schon alles zu spät ist, dann klappen Sie dieses Buch wieder zu, schenken Sie es weiter oder legen Sie es in eine Truhe auf dem Speicher, es wird Ihnen keine Freude bereiten.

Wenn Sie sich aber mit einem ganz normalen Menschen zufrieden geben, wenn es Ihnen genügt, daß aus Ihren Kindern Erwachsene werden, die in Familie, Beruf und Freizeit ihren „Mann“ oder ihre „Frau“ stehen, die ihre Probleme nicht nur sehen und bejammern, sondern auch lösen und sich über die Lösung freuen können, und wenn Sie darauf hoffen, daß sich Ihr Kind auch einmal an einen Moment erinnert, in dem es von Ihnen Trost, Hoffnung, Zuversicht, Geborgenheit und Liebe erfahren hat, dann lesen Sie ruhig weiter.

Dieses Buch will Sie zum Nachdenken anregen. Ich spreche darin Themen an, die in unserer Zeit häufig verschwiegen oder verdrängt werden, deren Bewältigung aber eine wichtige Voraussetzung für ein gesundes Zusammenleben sind. Kinder lernen das meiste bewußt oder unbewußt am Vorbild, und hier wiederum von ihren Eltern. Wenn Sie Ihren Kindern echte Lebenshilfe geben wollen, dann müssen Sie sich selbst mit den Problemen der Kinder und des Lebens auseinandersetzen und ihnen die richtigen Lösungen vorleben.

Ich will und kann Ihnen keine „Rezepte“ zur optimalen Erziehung „verschreiben“, aber ich will Ihnen zeigen, daß Sie mit Ihrer Erziehung gar nicht so falsch liegen, wenn Sie ein paar wesentliche Leitsätze beachten, und ich will Ihnen natürlich auch ein paar gute Ratschläge geben, wie das eine oder andere Problem leichter oder auch besser zu lösen ist.

Denn jeder, der mit Kindern zu tun hat, dem ihre Begleitung aufgetragen ist, steht von einem auf den anderen Tag vor neuen Situationen.

Ich will in einer Zeit, in der so viel über die Kinder und die Jugend gejammert wird, in der so häufig von einem Erziehungsnotstand gesprochen wird, ein Zeichen setzen, daß es auch anders, besser geht.

Natürlich bleibt es auch mir nicht erspart, auf die negativen Erscheinungen in unserer Gesellschaft hinzuweisen, sie zu analysieren und zu bewerten, denn ich möchte eine realistische Erziehung anbieten. Aber ich werde den positiven Ansätzen wesentlich mehr Raum geben und immer wieder die Frage stellen: „Was ist dennoch sinnvoll und möglich?“

Wenn es mir dabei gelingt, Ihnen und Ihren Kindern auf Ihren gemeinsamen Wegen eine kleine Hilfe zu sein, dann hat dieses Buch sein Ziel voll erreicht. Wenn es mir darüber hinaus gelingen sollte, die Rezeptologen und Bildungsmanager, aber auch die, die Erziehung ewig miesmachen, als Scharlatane und Versager zu entlarven, würde es mich zusätzlich freuen.

Ihr Helmut Zöpfl

I.
„Alles super wissenschaftlich" oder: „Es lebe der gesunde Menschenverstand"

Schon der kluge Römer Seneca sagte dereinst: „Dem Seemann nützen die günstigsten Winde nichts, wenn er nicht weiß, wohin er steuern soll." Wenn wir die Verantwortung für unsere Kinder übernehmen, wenn wir bereit sind, sie zu erziehen, dann müssen wir wissen, was Erziehung ist und wohin sie den jungen Menschen bringen soll. Die Frage nach den Erziehungsmaßnahmen und -zielen ist uralt, aber in keiner Zeit wurde so viel über Erziehung geschrieben und diskutiert, gab es so viele Erziehungsratgeber und -hilfen wie in unserer, und dennoch – oder gerade deshalb – wissen nur noch wenige, was Erziehung ist.

Es gibt zwar eine ganze Reihe hochwissenschaftlicher Definitionen über das, was Erziehung angeblich ist. Meist sind sie aber derart kompliziert und in halbseitigen Schachtelsätzen zu Papier gebracht, daß man am Ende noch ein bißchen weniger weiß als am Anfang. Zudem hat man bei vielen dieser wohlklingenden Theorien den Eindruck, sie haben das wichtigste unterwegs vergessen: die Kinder.

Pädagogisch, soziologisch,
psychologisch, axiologisch,
effizient, gesellschaftskritisch,
Feedback, psychoanalytisch,
soziometrisch und statistisch,
kategorial, linguistisch,
Input, Output, kognitiv,

emotional und affektiv.
Validierung, Friktionen,
Status, Innovationen,
endogen und exogen,
Basisphänomen,
und so weiter und so weiter …

Jedes Jahr wird man gescheiter.
Jeden Tag ein neues Wort.
Die Erziehung schreitet fort.
Da wird alles programmiert,
reformiert, konditioniert.
Technologisch recht beachtlich,
alles super wissenschaftlich.

Pädagogisch wunderbar,
wäre da nicht die Gefahr:
Die Erziehung kann indessen
gerade Kinder ganz vergessen.

Sie werden mir die eine oder andere, leichte Übertreibung in diesem kleinen Gedicht sicherlich verzeihen und mir zustimmen, wenn ich sage, daß Erziehung eigentlich eine Sache des gesunden Menschenverstandes ist. Beim Wort „Erziehung" geistern ohnehin die unterschiedlichsten Ausdrücke, Bilder und Gesichtspunkte durch unsere Köpfe. In diesem Zusammenhang habe ich einige mehr oder weniger geistreiche Aussprüche gesammelt, die sich mit der Thematik befassen. Der eine oder andere gibt vielleicht auch Ihre Einstellung wieder.

- Erziehung ist die Hilfe zum Selbstwerden in Freiheit (K. Jaspers).
- Erziehung ist Entwicklungshilfe, sie ist Anpassung an die Gesellschaft, sie ist lehrende Einführung in die Kul-

tur und sie ist Erweckung zum sinnvollen Leben (W. Brezinka).

- Erziehung ist Einführung in die Gesellschaft, Einführung in die Kultur und Mithilfe zur Personalisation (E. Weber).
- Erziehung heißt, ein Kind so weit bringen, daß es uns nicht mehr braucht (L.A. Bätsch).

Nun – war für Sie etwas dabei? Wenn nicht, können Sie vielleicht mit einigen der folgenden, sehr provozierenden Aussagen mehr anfangen:

- Erziehung ist die Entwicklung des Gedächtnisses auf Kosten der Phantasie (O. Johnson).
- Erziehung ist die organisierte Verteidigung der Erwachsenen gegen die Jugend (M. Twain).
- Erziehung ist der Zivilschutz gegen den reaktiven Niederschlag von Medien (McLuknan).
- Erst wenn man genau weiß, wie die Enkel ausgefallen sind, kann man beurteilen, ob man seine Kinder gut erzogen hat (E. Remarque).

1. Verschiedene Meinungen über das Kind

So unterschiedlich diese Aussagen auch sind, so haben sie doch einen gemeinsamen Kern. Erziehung scheint eine Art „Lebenshilfe" (J. Dolch) für Kinder zu sein, eine Hilfe, die Erwachsene dem Kind geben, damit es sein Leben einmal selbst gestalten kann. Damit ist noch nicht allzuviel gesagt, denn es kommt natürlich darauf an, was man letztendlich unter einem Kind versteht. Ich möchte jetzt nicht alle möglichen Theorien dazu vorstellen, denn eines ist gewiß: Erziehung darf nichts Theoretisches sein, darf nicht am Leben und am Kind vorbeizielen. Eine erste Hilfe bei der Suche nach einem tragfähigen Erziehungsbegriff können uns bildhafte Vergleiche und Sichtweisen vom Kind geben. Ich möchte im folgenden die wichtigsten drei kurz vorstellen.

1.1. Ist das Kind eine leere Tafel? – Beschrifte sie, mach ein gesellschaftsfähiges Wesen aus Deinem Kind

Wie der schweizerische Zoologe Portmann meinen viele Menschen, das Kind sei eine Frühgeburt, es sei von Natur aus vollkommen unreif und müsse deshalb durch Erziehung reif und vollkommen gemacht werden. Der englische Philosph John Locke meinte sogar, es sei eine tabula rasa, eine leere Tafel, die erst beschriftet werden muß. Und wie er, so betonen auch heute viele Pädagogen und Soziologen, daß es die Hauptaufgabe der Erziehung sei, das Kind in seine Gesellschaft, seine Umwelt einzupassen.

1.2. Ist das Kind ein Samenkorn? – Was aus ihm wird, ist längst bestimmt

Eine weitere Gruppe schließt sich den Gedanken des französisch-schweizerischen Philosophen Rousseau an, der meinte, das Kind sei von Natur aus gut und entwickele sich am besten aus sich selbst heraus. Je weniger Bildungshilfe und Erziehung wir leisten, je weniger wir auf das Kind einwirken, desto sicherer fände es seinen Sinn und käme zu seiner Selbstverwirklichung.

1.3. Ist das Kind ein Mensch wie Du und ich? – Hilf ihm, sich zu entwickeln

Eine dritte Gruppe meint, daß die Kindheit eine spezielle Stufe des Menschseins sei und das Kind bereits alle Grundanlagen des Menschen habe, aber – je nach Alter und Reife – diese Wesenheiten verschieden ausbilde. Es braucht deshalb Vorbilder und Hilfen, damit das Kind seine Anlagen entwickeln kann. Da ich mich dieser Gruppe anschließe, möchte ich diese Sicht von Kindheit etwas genauer beschreiben:

Das Kind ist, wie jeder Mensch, ausgezeichnet durch Offenheit, Freiheit, Dialogbereitschaft und Geschichtlichkeit, und es strebt nach seiner Sinnfindung und Selbstverwirklichung.

Natürlich unterscheidet es sich in verschiedenen Wesenszügen vom Erwachsenen. Die einzelnen Anlagen sind entweder noch nicht so stark ausgeprägt oder konzentrieren sich auf altersgemäße Bedürfnisse. Das heißt aber nicht, daß das Kind nur ein kleiner Erwachsener ist, der noch unvollkommen ist und möglichst schnell erwachsen werden soll, sondern daß in jedem Lebensalter bestimmte Qualitäten besonders reifen und deshalb gefördert werden müssen. Ich möchte im folgenden nur auf einige solche Aspekte hinweisen.

Der Mensch ist ein Wesen der Offenheit, er ist in Frage gestellt, sowohl durch seine Umwelt, die Natur, wie durch seine soziale Umwelt, die Gesellschaft mit all ihren Ansprüchen. Er muß diese Ansprüche erkennen, reflektieren und Verhaltensweisen erlernen, die es ihm ermöglichen, sie zu bewältigen.

Je jünger das Kind, desto offener ist es, um so weniger Verhaltensmuster stehen ihm zur Verfügung. Es ist deshalb unsere Pflicht, ihm dabei zu helfen, die wichtigen aufzubauen. Wir können dies leisten, indem wir ihm Vorbild sind oder indem wir ihm Vorbilder aus seiner Altersgruppe zeigen und erleben lassen. Wir müssen das Kind führen, ohne es zu gängeln. Es braucht positive Kinder- und Erwachsenenvorbilder, die ihm zeigen, wie es seine Probleme lösen kann. Wichtig ist dabei, daß wir ihm Zeit und Entscheidungsfreiheit lassen. Jede Entscheidung, auch die, die wir selbst fällen, braucht Zeit, um so mehr wenn ich noch nicht genügend vergleichbare Situationen gemeistert habe.

Freiheit, so lehrt uns die Philosophie seit Jahrtausenden, ist immer eng mit Verantwortung verbunden. Verantworten kann ich aber nur etwas, was ich kenne, was ich tatsächlich tun kann. Wir müssen also solche Probleme und Aufgaben für unsere Kinder auswählen, die für die Kinder bereits lösbar sind, oder wir müssen ihnen die möglichen Lösungswege verdeutlichen. Wir müssen ihnen auch, wann immer es geht, mehrere Lösungen anbieten, damit sie die für sie besten auswählen können. Je jünger die Kinder sind, um so mehr benötigen sie unsere Hilfe, aber wir müssen immer daran denken, daß es eine Hilfe zur eigenen Entscheidung sein muß. Es geht also nicht darum, dem Kind einen schönen Turm aus Bauklötzen zu bauen, sondern darum, ihm die Bauklötze dazu zu geben.

Der Bezug zum Nächsten ist beim Kind besonders stark ausgeprägt, es braucht ihn noch dringender als wir Erwachsenen. Das gilt sowohl für den Partner Mutter oder Vater, den es als Hilfe, Schutz und Berater benötigt, wie auch für den Partner in der Gruppe der Gleichaltrigen, den es als Vergleich und Freund braucht. Das Kind orientiert sich an seinen Mitmenschen, sucht seinen eigenen Stellenwert im Vergleich mit ihnen. Deshalb benötigt es positive Vorbilder in seiner Umwelt. Erwachsene, die kindischer als Kinder sind, geben dem Kind keine Möglichkeit, sich mit ihnen zu identifizieren, wecken nicht das Bedürfnis, daß es seine Probleme so lösen möchte, wie sie es vormachen. Das Vorbild des Erwachsenen muß aber auch erreichbar sein. Gibt sich der Erzieher als Alleskönner und Alleswisser, als Vollendeter aus, dann frustriert er das Kind, dann versucht es erst gar nicht, ihm zu folgen, weil es das Problem ja doch nicht richtig lösen kann.

Kinder haben noch wenig eigene Vergangenheit und deshalb einen Mangel an Geschichte. Es zeichnet eine gute Erziehung aus, daß das Kind erfährt, daß es ein „Früher" gab, daß die Erwachsenen dieses „Früher" akzeptieren, daß die Geschichte seiner Heimat eine Bedeutung für sein eigenes Leben hat, daß seine Gesellschaft nicht zufällig so geworden ist, sondern daß sie sich entwickelt hat. Kinder haben noch wenig Geschichte: Vielleicht ist das der Grund, warum sie Geschichten so lieben. Ich denke hier nicht nur an Märchen und Geschichten aus Kinderbüchern, schon gar nicht an Radio- oder Videokassetten, sondern an Erzählungen der Eltern und Großeltern, angefangen von der eigenen Kindheit bis hin zu den kleinen Erlebnissen des Alltags. Wollen wir unseren Kindern eine Chance geben, uns zu verstehen, in unsere Gesellschaft hinein zu wachsen, also Erwachsene zu werden, dann müssen wir ihnen unsere Geschichte zeigen, dann müssen sie erleben, daß wir selbst zu unserer Geschichte stehen.

Die Kindheit ist eine Altersstufe, die ihren Wert nicht nur von der Zukunft her hat, deren Wert also nicht nur vom Erwachsenwerden her gesehen werden kann, sondern die einen Eigenwert hat. Der bekannte Philosoph Max Müller hebt die große Bedeutung des Genießens der Gegenwart für die Kindheit und Jugend hervor, wenn er sagt: „So wie hier die Freundschaft, die Liebe, das Glück, die Schönheit, die Trauer, die Einsamkeit, das Herrliche und Funkelnde des Idealen und ebenso leidenschaftlich das eklige Gemeine erfahren werden, in dieser Unmittelbarkeit und Einzigartigkeit wird vielleicht nie mehr erfahren ... Erfahrung nimmt nicht einfach quantitativ zu und ‚mehrt' sich; sie hat vielmehr auch eine qualitative Seite, und jedes Lebensalter hat

seine ‚qualitativen Erfahrungen', die nur ihm zugehören."
Wer nie Kind war, wird auch nie Erwachsener, auch wenn er noch so viel lernt und weiß.

Das Schönste an der Kindheit aber ist die Fähigkeit, sich noch unverfälscht zu freuen. Kinder sagen zum Leben in der Regel noch vorbehaltlos ja. Es ist unsere Aufgabe, ihnen diese Lebensfreude zu erhalten und ihnen zu helfen, sie ins Erwachsenenleben hinüber zu retten. Wir müssen ihnen zeigen, daß auch wir uns noch freuen können.

2. Verschiedene Meinungen über Erziehung

Von diesen Sichtweisen lassen sich nun drei grundverschiedene Erziehungsmodelle ableiten, die ich im folgenden kurz vorstelle.

2.1. Der Irrtum mit dem Input

Die Input-Konzeption geht von einem Menschen aus, der absolut gestaltet werden muß. Das Kind ist in dieser Konzeption ein körperliches und emotionales Mängelwesen, aus dem nur das wird, wozu es erzogen wird. Es hat keinen eigenen Willen, dieser wird erst geformt. Es hat kein Wissen, keine Fähigkeiten und keinen Charakter. Alles wird erst durch seine Erziehung geprägt. Man gesteht ihm einzig und allein gewisse Grundlagen seiner Bildsamkeit zu, die dann allerdings mechanistisch ausgebildet werden müssen. Der Erzieher sieht sich in dieser Konzeption als eine Art Handwerker, der aus einem mehr oder weniger formbaren Material „Brauchbares“ zu erstellen hat. Er verbessert, formt, stellt her und richtet alles nach seiner ureigenen Vorstellung aus, die er vom fertigen Menschen hat. Alles, was nicht in dieses Konzept paßt, wird als „störend“ empfunden und wird, wenn Sie mir ein Schlagwort der späten Achtziger gestatten, als „kontraproduktiv“ ausgemacht. Eine derartige Erziehungsvorstellung findet sich vor allem dort, wo man dem jungen Menschen keinerlei Freiheit und Würde zubilligt und wo man mit endgültiger Sicherheit zu wissen glaubt, „wo es im Leben lang geht“. Alle Diktaturen und viele Sekten arbeiten bei ihrer „Erziehung“ mit subtilen Abweichungen dieser Form der Pädagogik.

Wer nun glaubt, diese Erziehungsvorstellung gehöre entweder der Vergangenheit oder irgendwelchen obskuren Winkeln und Zirkeln an, der sieht sich leider getäuscht. Der Behaviorismus, der gerade in den sechziger und siebziger Jahren die Psychologie und Pädagogik beherrschte, brachte sogar einen neuen Aufschwung für diese Konzeption. Er versprach „wissenschaftlich fundiert“, weil an Tauben, Hunden und Ratten ausprobiert, die Mechanik für die geplante Erziehung zu liefern. Die Grundtheorie dazu war sehr einleuchtend. Alles menschliche Verhalten sei eine Reiz-Reaktionskette. Deshalb setze einen bestimmten Reiz! Kommt die gewünschte Reaktion, dann verstärke sie durch Bonbons, Geld, Lob ... oder lösche eine eventuell unerwünschte Reaktion durch Tadel und Strafe und baue so systematisch den Menschen auf, den Du willst. Die Euphorie war so groß, daß einer der bekanntesten Behavioristen, Watson, versprach: „Man gebe mir 100 Kinder und ich mache auch Doktoren und Pfarrer daraus, was immer ihr wollt.“ Und Skinner glaubte: „Wenn wir einmal die besondere Verknüpfung der Verstärkung angordnet haben, erlauben es unsere technischen Mittel von heute, das Verhalten eines Organismus fast nach Belieben zu formen.“ Bemerkenswert ist, daß bei den Experimenten, aus denen die beschriebenen Schlüsse gezogen wurden, Pawlows Hund angeschnallt war und sich Skinners Tauben im Käfig befanden. So stellt Johannes Hochmüller bei der verhaltenspsychologischen Definition des menschlichen Lernbegriffes unter anderem zwei Fehler fest: „Sie geht in der Einschätzung der Möglichkeit, synthetische Lernsituationen zu erzeugen, von falschen Voraussetzungen aus. Sie ignoriert die Faktoren, die menschliches und tierisches Verhalten grundsätzlich voneinander unterscheiden, und zieht darum allzu blind und unbesonnen Analogieschlüsse."

Es zeigt sich hier in aller Deutlichkeit, wie mechanisch das Erziehungsgeschehen gesehen und von welchem Menschenbild ausgegangen wurde. Übersehen wurde vor allem, daß der Mensch ein sehr komplexes Wesen ist, bei dem es glücklicherweise nicht genügt, einfach einige Schaltkreise zu manipulieren, um einen „neuen, gefälligeren Typen" zu haben. Der Mensch ist nicht machbar, wir können ihm nur Hilfen zu seiner Entwicklung anbieten. Dennoch hörte man landauf, landab von Radio, Fernsehen und Presse die Forderung: Mutter, Vater, Lehrer, Erzieher ... forme, präge, mache aus Deinem Kind den „mündigen Menschen". Wer das allerdings sei, welche Tugenden, Einstellungen, Verhaltensweisen ihn auszeichnen und wie wir ihn dazu machen sollen, ist bis heute das große Geheimnis. So verblieb es dem jeweiligen Erzieher, daß er sich als „Verwahrer der Wahrheit" betrachten durfte, der, und diese Worte verraten noch heute die Einstellung vieler Erzieher, das Kind formt, bildet, prägt und macht. Er ist überzeugt, sich und seine Wertvorstellungen komplett übertragen zu müssen – will sich selbst also vervielfältigen. Der Erziehungsvorgang wäre demzufolge nichts anderes als das Kopieren eines Originals und unsere Kinder wären damit also „Klone". Vielleicht hilft demjenigen, der sich derart absolut setzen will, die folgende Überlegung:

Kommt wer sich bei Gelegenheit
recht klug vor und auch recht gescheit
und meint, er müßt den Andern nur
nach seinem Bilde formen stur,
er müßt ihn bilden, daß wie er
der Andere am Ende wär:
Dann schau er sich, ob Frau, ob Mann,
ganz intensiv im Spiegel an.
Dann merkt, ist ehrlich er vielleicht:
Einer wie der, der raus schaut, reicht.

2.2. Der Irrtum mit dem Output

Erinnern Sie sich an das zweite Bild? Den absoluten Gegensatz zu der Theorie der Machbarkeit setzt der pädagogische Pessimismus. Ausgehend vom Bild des Kindes, in dem schon alles angelegt ist, vertritt die „Output-Konzeption" die Meinung, daß das Kind weder geformt noch erzogen werden soll, weil es sich von selbst am besten entwickelt. Das Kind ist von Natur aus gut, es wird um so besser, je weniger es beeinflußt wird, um so mehr man es in Ruhe läßt. „Erziehe nicht!" So könnte man das Postulat dieser Erziehungskonzeption formulieren. Das Kind wird hier als bereits fertiges Wesen empfunden, in dem alles vorhanden ist. Es hat Körper, Geist und Seele und entwickelt sich zum Guten, wenn keine Zivilisationseinflüsse es stören. Der Zivilisation wird der Kampf angesagt. Sie hat all die Millionen ehemaliger Kinder und jetzigen Erwachsenen, in ihrer Gesamtheit Gesellschaft genannt, „verdorben".

Es ist in dieser Konzeption unschwer ein starker Kulturpessimismus festzustellen, der meist als Antithese auf eine futuristische Hörigkeit oder als Antwort auf eine Kulturübersättigung, aber auch einen Kulturverfall entsteht – und somit erklärbar ist.

Die Aussteiger nehmen den Kampf mit der Zivilisation auf, begründen ihn mit einer „natürlichen Gutheit" des Kindes und wollen deshalb durch eine neue gegensätzliche Erziehung eine neue gute Gesellschaft ins Leben rufen. Da der kulturverunsicherte Erwachsene keine Regeln, keine Ideale und Normen zur Verfügung hat, wie diese neue Gesellschaft sein soll, überläßt er die Verantwortung dafür der „natürlichen Entwicklung" seiner Kinder. Deshalb darf der Erzieher auf keinen Fall eingreifen.

So unterschiedlich und gegensätzlich beide Konzeptionen zuerst erscheinen, so gleich sind sie in ihrer praktischen Verwirklichung der Freiheit. Das Kind darf nicht in Berührung kommen mit ..., es wird durch diese Ghetto-Erziehung in eine Art pädagogisches Glashaus mit künstlichem Licht und möglichst gefilterter Luft gesperrt, um ja nicht mit den Tatsachen seiner Gesellschaft, deren Kultur und damit der Wirklichkeit seines Lebens konfrontiert zu werden. Es ist ein Forschungsobjekt der Erwachsenenwelt mit dem Auftrag zu zeigen, was gut ist. Das Kind muß kritisch sein, das heißt, es muß alles ablehnen, es darf nichts annehmen, es muß sich stets „non-konform" verhalten und es darf sich auf keinen Fall ein- oder unterordnen. Oh, wie groß ist doch die „Freiheit", die alle Freiheit des Denkens dadurch unterbindet, daß sie dem Kind sagt: Alles, was du von deiner Gesellschaft siehst, alles, was ist und vorher war, ist nicht gut. Deine einzige Alternative ist, immer das Gegenteil zu wollen und zu tun.

Daß sich dieser Konzeption dann gerade die doktrinären Ideologien bemächtigen, die anstelle des Gegenteildenkens und -tuns ihre eigene Doktrin setzen und sie zum alleinigen Erziehungsziel ernennen, verwundert bei dieser Praxis der „Freiheitsverwirklichung" nicht.

Die Psychologie der reinen Veranlagung, der totalen Vererbung wird vor allem aber auch durch die Eitelkeit des Menschen gefördert. Wenn ich meinem Kind die besten

Erbanlagen gespendet habe, dann behindert Erziehung nur seine Entwicklung, dann muß ich es einfach wachsen und reifen lassen.

Wie Sie sicherlich schon bemerkt haben, hat vor allem die sogenannte „antiautoritäre Erziehung" auf dieses Denkmodell zurückgegriffen, denn auch die Verfechter dieses Modells waren der Überzeugung, daß man die Einflüsse der Erwachsenen auf das kindliche Erleben möglichst klein halten oder sogar ganz herauslassen sollte. Eine derartige Erziehungsvorstellung zieht nun zwangsläufig eine ganze Reihe verschiedener Interpretationsmöglichkeiten nach sich, und eine davon war es, dem Kind oder dem Heranwachsenden möglichst jedes Bedürfnis zu erfüllen, da ansonsten sogenannte „Frustrationen" entstünden. Spätestens hier wird deutlich, daß dieses Modell kaum mit der Wirklichkeit Schritt hält, denn unabhängig davon, ob man von einer „guten Natur" des Kindes ausgeht oder nicht: Es ist faktisch mittlerweile unmöglich, Kinder von Einflüssen der Umgebung fern zu halten. Dies bedeutet aber, daß Sie sämtliche Bedürfnisse, die durch die Medien, die Werbung und all die anderen „geheimen Miterzieher" geweckt werden, ebenfalls sofort erfüllen müßten. Wenn dies nicht allein schon am Geldbeutel scheitert, dann doch zumindest an der nachvollziehbaren Unsinnigkeit. Ein Schwachpunkt dieser Erziehungsmethode ist es auch, daß derart antiautoritär- und bedürfnisorientierte Kinder zwangsläufig isoliert aufwachsen. Wir alle wissen aber genau, daß Kinderfreundschaften, Klassengemeinschaften und andere Gruppen eine ungemein wichtige Funktion – im Guten wie im Schlechten – für das einzelne Kind erfüllen.

Heute läßt sich abschließend durchaus sagen, daß derartige Erziehungsmodelle in der Mehrzahl gescheitert sind, obwohl es bei den Betroffenen weder am Enthusiasmus noch an der Ehrlichkeit gefehlt hat. Doch die Realität holte die Idealisten ein, zumal sich bald erwiesen hatte, daß sich Kinder, die so erzogen wurden, teilweise sehr schwer taten, sich in bestehende Gemeinschaften zu integrieren. So gab selbst ein so bekannter Verfechter dieser Idee wie O. Neill zu: „Ich habe mich geirrt." Erinnern Sie sich auch an das Zitat von Erich Maria Remarque: „Erst wenn man genau weiß, wie die Enkel ausgefallen sind, kann man beurteilen, ob man seine Kinder gut erzogen hat." Manchmal muß man gar nicht auf die Enkel warten – es genügt schon ein Blick auf den erwachsenen Menschen.

2.3. Der erste Schritt zur Goldenen Mitte

Keine dieser beiden Sichtweisen kann dem Erziehungsbegriff auch nur annähernd gerecht werden, wenn folgender zentraler Gedanke berücksichtigt werden soll: Erziehung hat immer etwas mit den Menschen zu tun, ist ein zwischenmenschlicher Akt, der dem Menschen dient und sich an ihm orientiert, ohne daß er ihn programmiert. Dieser Grundsatz prägt die dritte Sichtweise von Erziehung, die personale Konzeption, die Erziehung als Wegweisung und Hilfe im geschichtlich dialogischen Sinne versteht.

Erinnern Sie sich an das dritte Bild? Für diese Konzeption wähle ich gerne den Vergleich mit dem Bergführer, der das Kind auf seinem Weg von einem niedrigeren zu einem höheren Niveau begleitet. Der Bergführer kennt den Berg, er weiß die Wege zum Ziel, er weiß um die nötige Ausrüstung in materieller, physischer und psychischer Sicht. Er berät das Kind in allen wesentlichen Details, er zeigt den Weg, begeistert es vom Ziel und geht mit ihm. Er muntert es unterwegs immer wieder auf, gibt ihm Hoffnung und Zuversicht. Er seilt es notfalls sogar an. Wenn es sein muß, zieht er es sogar ein Stück hinauf. Allerdings nur, wenn es unbedingt sein muß, wenn es keinen anderen Weg für seinen Schützling gibt, und dieser den einzig möglichen nur mit starker Hilfe schafft. Durch seine Kenntnis des Weges verhindert der Bergführer ein Verirren, durch seine eigenen Fähigkeiten nimmt er dem Kind die Angst. Er führt es zur Höhe, läßt es aber selbst klettern, selbst Stufe für Stufe den Berg erobern. So ist das Kind voller Freude über seine eigene Leistung, wenn es auf dem Gipfel steht. Es ist dem Führer dankbar für seine Hilfe, hat aber nicht etwa das Gefühl, dieser habe die eigene Leistung des Kindes geschmälert. Das Kind weiß, daß diese Leistung selbständig erbracht wurde, es ist sicherer als vorher, traut sich zu, diese Leistung zu wiederholen und wird bereit, den nächsten, noch höheren Gipfel zu erstürmen. Diese Konzeption hat ein Menschenbild vom Kind, das etwas leisten kann und will, das Schutz, Hilfe und Rat sucht, das aber jederzeit selbstverantwortlich mitmachen muß, wenn es das Ziel erreichen soll. Der Erzieher kann und darf den Willen, das Tun und das Entscheiden des Kindes nicht manipulieren; er kann es nur motivieren. Das Kind steigt selbst, es entscheidet mit über jeden Schritt und Tritt, hat aber den Erzieher als Stütze und Berater. Es weiß sich geborgen und beschützt, es weiß, mein Erzieher läßt mich nicht fallen, ich bin ihm wertvoll. So erlebt es jeden Augenblick als den eigenen und fühlt doch, daß es in jedem Augenblick geborgen ist.

Von Kindern, die so erzogen worden sind, könnten die folgenden zwei Gedichte stammen.

An die Mutter

Du hast das Größte mir gegeben:
mein Dasein, das verdank' ich Dir.
Du, Mutter, schenktest mir das Leben,
denn Du hast ja gesagt zu mir.

Du gabst den Dingen ihren Namen,
halfst erste Worte zu verstehen.
Du gabst der Welt erst ihre Farben,
ließest mich ihre Schönheit sehen.

Du wußtest Märchen und Geschichten
und sangst mich in den Traum der Nacht,
erzähltest mir von Gott, dem Vater,
hast mir das Beten beigebracht.

Ich machte meine ersten Schritte
an Deiner lieben, guten Hand.
Du zeigtest mir die ersten Wunder
in einem unbekannten Land.

Du hast mir meine Angst genommen,
denn wenn ich rief, dann warst Du da.
Du gabst Vertrauen mir ins Leben,
weil ich stets spürte, Du bist nah.

Wenn Du mich ansahst, sah ich Freude
und wußte mich von Dir geliebt.
So lernte ich mein erstes Lächeln,
die schönste Sprache, die es gibt.

Was Du tatest, kann ich nie vergelten.
Zu klein ist meine Kraft dafür.
Darum kann ich nur das eine sagen:
Hab Dank, Gott vergelt es Dir.

An den Vater

Ist mein Vater in der Nähe,
ist die Welt nicht trüb,
sondern ist voll bunter Farben,
denn er hat mich lieb.

Ich brauch' seine starken Arme,
denn ich bin noch klein,
seine Hände, die mich führen
in die Welt hinein.

Unsere Welt hat viele Straßen
und es fiel mir schwer,
meinen Weg allein zu finden,
wenn nicht er da wär.

Hab' ich Fragen, hab' ich Sorgen,
wend' ich mich an ihn.
Und es bleibt ihm nicht verborgen,
wenn ich traurig bin.

Wenn Ihr beide, Vater, Mutter,
beieinander seid,
ist für mich und alle Kinder
unsre schönste Zeit.

Und wenn Du auch viel zu tun hast,
Vater, denke dran,
daß man Zeit, wo ich Dich brauche,
nie zurückdrehn kann.

Darum möcht' ich Dir noch sagen,
daß Du nie vergißt,
meine Welt beginnt zu reden,
wenn Du bei mir bist.

Vergleicht man diese Konzeption mit den vorher beschriebenen, so unterscheidet sie sich zu allererst in ihrer Sicht vom Menschen und vom Kind. Für die gerade vorgestellte Konzeption ist das Kind nicht beliebig formbar, es ist kein unvollkommener kleiner Erwachsener, den es gilt, schnell und möglichst vollkommen einzupassen. Es ist aber auch nicht von Natur aus nur gut, es kennt nicht von seiner Natur heraus das Ziel und es kommt nicht, ohne etwas dafür zu tun, sicher dorthin. Das Kind in dieser Sicht, und dies gilt nicht nur für Kinder, sondern für den Menschen allgemein, ist erziehungsbedürftig. Es bedarf der Sorge und Obhut eines wissenden, eines fähigen und verantwortungsbewußten Führers. Das Kind besitzt eine Fülle von körperlichen, geistigen und seelischen Anlagen, sich zu entwickeln. Es erfährt aufgrund seiner menschlichen Freiheit und Offenheit sein „In-Frage-gestellt-sein" und erkennt seinen Sinn in der Beantwortung dieser Fragen. Es ist ein suchendes Wesen. Ein Suchender aber wird leicht zum ziel- und planlos Herumirrenden, wenn er nicht Hilfen, Wegweisung und Antwort auf seine Fragen erhält. Haben Sie noch Ihre eigenen Kinderfragen oder die Ihrer Kinder im Ohr?

Kinderfragen

Wie tief ist das Meer,
und wie hoch ist der Berg?
Wie groß ist ein Riese,
und wie klein ist ein Zwerg?
Warum schauen Menschen
verschieden oft aus?
Wo wohnen die Wolken,
wo sind sie zu Haus'?
Woher kommt die Quelle?
Wohin fließt der Bach?
Was machen die Träume
am Tag, wenn ich wach?
Warum blühn die Blumen,
wenn sie wieder verblühn?
Wohin geht die Zeit,
sag mir, wohin?

Warum gibt es Krieg,
warum gibt es Streit?
Warum lernen Menschen
nicht mit der Zeit?
Warum hungern Menschen
noch auf der Welt,
warum fehlt's dem Armen
am kleinsten Stück Geld?

Fragen auf Fragen an mich jeden Tag.
Doch ich freu mich, mein Kind,
frag weiter nur, frag!
Ich geb Dir gern Antwort,
manchmal weiß ich Bescheid.
Doch weiß ich nicht alles,
mein Kind, tut mir leid.

So schön das alles klingt, kann es uns sicher noch nicht befriedigen. Wir suchen eine Antwort auf die Frage: Wie helfe ich meinem Kind?

2.4. Die sinnvolle Antwort

Ich habe diese drei extremen Konzeptionen aus der Sicht der Philosophie erklärt, ich möchte sie noch kurz aus der Sicht der Psychologie betrachten. Nehmen wir die extreme Sicht („die genetische Vererbung ist alles"), dann ergibt sich daraus die „Output-Konzeption". Untersuchen wir die polare Sicht („die Veranlagung spielt keine Rolle, die Umwelteinflüsse allein sind entscheidend"), dann gilt die „Input-Konzeption". Erkennen wir aber den psychologischen Realismus an, daß sich, wie Heinrich Roth sagt, nichts entwickeln kann, was nicht im Menschen angelegt ist, aber auch nichts sich entwickelt, was nicht gefördert wird, dann müssen wir uns für die personale Konzeption entscheiden. Dann kommt es darauf an, die positiven Anlagen zu erkennen und zu fördern.

Das gilt für die ersten Sprech- und Krabbelversuche ebenso wie für die musische und technische Begabung der Kinder. Wenn wir diesem pädagogischen Realismus zustimmen, ergeben sich für unsere Erziehung eine Reihe von Forderungen. Vor allem darf unsere Erziehung nicht nur rein kommerziell begründet sein und sich nicht nur an die momentanen Wünsche der Kinder und Jugendlichen anschließen. Sie muß vielmehr darüber hinaus gehen und auch Bedürfnisse der Jugend ansprechen und befriedigen, die dieser noch gar nicht so stark bewußt sind, und auch Bedürfnisse wecken und Interessen anbahnen, die erst später reif werden. Ein altes Sprichwort sagt: „Was Hänschen nicht lernt, lernt Hans nimmermehr". Erziehung denkt immer auch an die Zukunft, ist ein stetes Höherführen und muß den Blick des jungen Menschen auch einmal in die Zukunft richten. Um welche Bedürfnisse es hier geht, werde ich unter dem Thema „Zielbestimmungen" behandeln. An dieser Stelle sollen einige Grundregeln genügen:

- Je jünger das Kind, desto mehr Führung bedarf es, um so weniger kann es selbständig entscheiden, um so mehr braucht es Entscheidungshilfen und Vorbilder, die ihm die Entscheidungen erleichtern.
- Je reifer das Kind, desto mehr Selbstentscheidung muß ihm ermöglicht werden, um so mehr verlangt es nach wissenschaftlicher Genauigkeit, um so mehr will es einen Vergleich der Vorbilder.
- Kein Kind ist gleich. Jedes hat verschiedene Anlagen und eine verschiedene Umgebung. Auch je nach Gesellschaft werden sich die Erziehungsgrundsätze verändern müssen. Jede Gesellschaft favorisiert aufgrund ihrer eigenen Entwicklung bestimmte Normen, und diese sind damit auch besonders bedeutsam.

Eine Gefahr besteht für die Pädagogik bei Gesellschaftsumbrüchen, wenn ein sehr rascher oder häufiger Normenwechsel vollzogen wird. Dann muß Erziehung auch etwas Bewahrendes haben und die Kinder behutsam in die neuen Denkweisen einführen.

Eine auf die bloße Nützlichkeit ausgerichtete Erziehung ist sicher notwendig, muß aber stets durch eine idealistische, auf Werte ausgerichtete Erziehung ergänzt werden.

Eine realistische Erziehungskonzeption muß aber auch den Erzieher berücksichtigen. Er ist weder eine Marionette noch ein Werkzeug, er ist selbst eine Persönlichkeit, und diese bringt er in sein Erziehungswirken ein. Er ist ehrlich, sich selbst und seinen Kindern gegenüber. Wollen wir diesen Forderungen gerecht werden, dann müssen wir die Bedürfnisse unserer Kinder genau kennen.

Unsere Erziehung muß sich auf die Realität einstellen können. Unsere Maßnahmen sind abhängig von der Gesellschaft, in der wir leben, von den Wertbildern, die wir akzeptieren, von der Umgebung räumlicher Art, vom Kind selbst. Ist es Sanguiniker oder Melancholiker, ist es begabt und interessiert ... Und auch von uns selbst, denn wir sind nicht der Sklave und nicht der Herr des Kindes, wir sind sein Partner, an dem es reifen soll. Beherzigen Sie in Ihrer Beziehung zu Ihren Kindern die folgenden Gedanken eines 16jährigen:

Zwei Augen erblicken das Licht.
Noch fassen die Sinne es nicht.
Liebende Hände dich pflegen,
so wächst du dem Leben entgegen.
Verläßt dann schon der Kindheit Haus
und trittst ins Leben so hinaus.
Sorge, Lust, Leid, Liebe
reißen dich mit ins Getriebe.
Du findest manchmal Geborgenheit
und ruhst kurz aus von Hasten und Streit.

Doch kaum hast du dich versehen,
fühlst du schon die Jahre vergehen.
Leis' rückt die Zeit des Alters heran –
ein Rasen noch vor dem letzten Gang.
Bald wieder das Dunkel dich hütet.
Schnell waren die Augen ermüdet.

2.5. Ein kleiner Hauch von Praxis

Wenn wir uns daran halten, dann können wir hier bereits drei Grundregeln für eine reale Erziehung aufstellen. Zuerst die negativen:

- Überlaß deine Erziehung nie dem geheimnisvollen „MAN". Kein Zweifel: Der berühmteste und am häufigsten zitierte Erzieher ist ein gewisser „MAN". Erinnern Sie sich: Wie oft haben Sie in Ihren jungen Jahren den berühmten Satz: „Das tut man nicht!" gehört und wie oft haben Sie im stillen auf diesen ominösen „MAN" geflucht, der derart eiserne und teilweise auch höchst widersprüchliche Regeln installierte. Natürlich hat die Erziehung die Aufgabe, den jungen Menschen in die Gemeinschaft und in die Gesellschaft einzuführen, und dazu ist es sicherlich auch notwendig, ihn mit den vorherrschenden Normen vertraut zu machen. Unabhängig davon, ob man mit diesen bis ins letzte Detail einverstanden ist oder nicht. Die Methoden für dieses „Vertrautmachen" sind vielfältig und unterschiedlich: Strenge, sanfte Gewalt, Güte ... Die Liste ließe sich sicherlich noch verlängern. – Suchen Sie ein besonders schönes Beispiel, dann lesen Sie doch wieder einmal die Stelle im „Kleinen Prinzen" von Antoine de Saint-Exupéry, wo der kleine Prinz erzählt, wie er den Fuchs zähmt. – Doch ebenso sicher ist auch, daß beim Versuch, den Heranwachsenden auf die Anforderungen der Umgebung vorzubereiten, viel Schindluder mit Wörtern getrieben wird und das pädagogische Engagement häufig ersetzt wird durch hohle Phrasen. Das Wörtchen „MAN“ ist hier wohl das verbreitetste. Es ersetzt in der Input-Konzeption jegliche Begründung und Einsicht für ein gefordertes Verhalten. Es beweist, daß der Erzieher selbst nicht frei ist, daß er sich von einem „geheimen Lehrplan“, den er selbst nie reflektiert hat, leiten läßt und es verrät, daß er gar nicht weiß, wohin er das Kind führen will. Er unterwirft sich und das Kind einem anonymen „MAN“, das sich je nach Mode, Ideologie und Umgebung ändert und einzig und allein garantieren soll, daß das Kind immer schön ein- und angepaßt ist.

In der Output-Konzeption steht „MAN“ für alles, was „MAN“ dennoch tun muß, für das Unvermeidliche, für das, was „MAN“ nicht kennt, was aber trotzdem angeboren ist. Kurz gesagt: Immer wenn die totale, autoritäre Erziehung versagt, wenn dennoch eine Belehrung, eine Hilfe, eine Richtschnur notwendig wird, läßt sich der „Erzieher wider Willen“ durch das „MAN“ ersetzen.

- Eine weitere Wortphrase dieser Art, die häufig auch noch mit unserem „MAN“ verbunden ist, ist das Wörtchen „schämen“. So manch einer mag sich mit Schrecken an den Tag erinnern, an dem er mit der schlichten, aber lauten Aufforderung „Schäm dich!“ vor anderen bloßgestellt wurde. Kaum einer, der so etwas sagt, bedenkt dabei, daß ein Kind zunächst einmal dazu neigt, viele Dinge als selbstverständlich und natürlich zu betrachten. Plötzlich kommen die Erwachsenen und wollen ihm beibringen, daß „man bestimmte Dinge ab einem bestimmten Alter nicht mehr tut“. Oft ist die Absicht gut und richtig, denn man tut dem Kind ja keinen Gefallen, wenn man sich so verhält, als gäbe es keine Normen und Regeln. Aber dieses rüde „Schäm dich!" ohne eine nähere Begründung kann oft großen Schaden verursachen. Mehr noch als durch die Worte erlebt das Kind durch die strafenden Blicke, daß es sich nun für irgendetwas zu schämen habe. Da die Erläuterungen zumeist unterbleiben, gibt das Kind seine Suche nach der Ursache schließlich auf, und das Wort „schämen" hat auch später, wenn es in manchen Situationen angebracht ist, seine Bedeutung ganz und gar verloren. Der große Fehler in dieser stümperhaften Art der Erziehung liegt darin, daß man zunächst immer wieder sagt, was man nicht tun darf, und man somit versucht, den Einzelnen zu isolieren: Schäm dich, die anderen tun das nicht! Damit leistet man der sogenannten „Statistik-Moral" Vorschub, denn schließlich lehrt uns die Geschichte, daß nicht alles, was die anderen tun, auch automatisch richtig ist. Viel sinnvoller wäre es, das Kind zum Nachdenken über seine Situation und seine Tat anzuregen. Erst wenn es die Folgen abschätzen kann, kann es daraus Konsequenzen für sein späteres Verhalten ziehen. Im übrigen: Vergessen Sie niemals, daß Regeln und Normen ständigen Änderungen unterworfen sein können. Ein Beispiel: Galt es früher noch als unumgänglich, das Kind auf keinen Fall abmagern zu lassen – siehe die Geschichte vom Struwwelpeter –, so gilt es heute als höchst unschicklich, das Kind zum Essen zu nötigen.

Und nun die positiven Anregungen!

Übernimm das Wagnis: Sprich mit deinem Kind! Der Philosoph Max Scheler sagt, daß ein Wegweiser nicht zwingend auch in die Richtung gehen müsse, in die er zeigt. Doch dieser kluge Satz verleitet so manchen zu einem kleinen Trugschluß, denn zumindest der, der den Wegweiser aufgestellt hat, sollte um die Richtung wissen und den Weg gegangen sein. Damit sind wir bei der einzigen sinnvollen und dauerhaften Antwort auf die Frage „Was ist eigentlich Erziehung?“ angelangt: Erziehung ist eine Art Führen, bei dem der Verantwortliche, der den Weg in einer gewissen Weise schon erkundet haben sollte, dem Anderen vorangeht. Wenn es notwendig werden sollte, dann reicht er dem Geführten die Hand, ohne ihn allerdings weiter zu zerren. Im Gegenteil: die Führung sollte in der Regel sanft sein, auch wenn ab und an energisches Eingreifen notwendig sein kann. Sollten Sie dennoch zu den durchaus ehrenwerten Vertretern einer strikt antiautoritären Erziehung gehören, so darf ich Ihnen empfehlen, eine Sportstunde in einer ersten oder zweiten Grundschulklasse abzuhalten. Sie werden schnell erkennen, daß Sie erstens die eigenen Nerven über Gebühr strapazieren und zweitens – was viel schwerer wiegt – die Gesundheit der Kinder aufs Spiel setzen. Manchmal geht es eben nicht ohne energische Worte. Doch so notwendig ein klares Wort zur rechten Zeit auch sein mag, so basiert eine gute Erziehung doch in erster Linie auf dem Gespräch. Ein kluger Kopf hat es einmal so formuliert: „Erziehung ist die Fähigkeit herauszufinden, was die Kinder brauchen, und es ihnen dann zu befehlen.“ Vielleicht ist dies ein wenig überspitzt, doch ganz sicher werden wir nur dann zu guten Erziehern, wenn wir lernen, auf unsere Kinder einzugehen. Dabei ist es vor allem wichtig, ihre Fragen ernst zu nehmen. Wenn Sie einmal genau hinhören, dann werden Sie feststellen, daß schon sehr kleine Kinder erstaunlich kluge Fragen stellen und mit ihrer ersten Wißbegierde häufig schon an die ältesten Fragen der Menschheit rühren. An dieser Stelle möchte ich Michael Ende zitieren, der bekanntermaßen ein großes Herz für Kinder hatte: „Ich glaube, daß die großen Philosophen und Denker nichts anderes getan haben, als sich die uralten Kinderfragen neu zu stellen: Woher komme ich? Warum bin ich auf der Welt? Wohin gehe ich? Was ist der

Sinn des Lebens? Ich glaube, daß die Werke der großen Dichter, Künstler und Musiker dem Spiel des ewigen und göttlichen Kindes in ihnen entstammen; dieses Kind, das ganz unabhängig vom äußeren Alter in uns lebt, ob wir 9 Jahre alt sind oder 90; dieses Kind, das nie die Fähigkeit verliert, zu staunen, zu fragen, sich zu begeistern; dieses Kind in uns, das so verletzlich und so ausgeliefert ist, das leidet und auch Trost verlangt, dieses Kind in uns, das bis zu unserem letzten Lebenstag unsere Zukunft bedeutet."

Führen Sie also einen ständigen Dialog mit Ihrem Kind, achten Sie seine Freiheit, machen Sie aufmerksam, zeigen Sie, klären Sie auf, verdeutlichen Sie und bieten Sie an, und vergessen Sie niemals, daß zu einer guten Erziehung vor allem ein gutes Gedächtnis gehört. Versetzen Sie sich in das Kind hinein und versuchen Sie, sich daran zu erinnern, was Ihnen gut getan hat, worüber Sie sich in ihrer Kindheit geärgert haben und womit sie bloßgestellt wurden. Horchen Sie in sich hinein, schlüpfen Sie wieder in Ihre Kinderschuhe und richten Sie Ihre Erziehung danach aus. Erziehung ist Lebenshilfe und die Kindheit ist ein besonders wichtiger Lebensabschnitt. Fast unabhängig davon, wie unsere Kindheit verlaufen ist, erinnern wir uns doch zumeist mit einem Gefühl der Nostalgie an sie. Ist es nur der Lauf der Zeit, der unsere Erinnerungen verklärt, oder ist die Kindheit nicht doch etwas Besonderes, etwas Eigentümliches, das es in seiner Schönheit und Großartigkeit zu achten gilt? Helfen Sie mit, die Erinnerungen gut werden zu lassen, wie das folgende Gedicht dies ausdrückt:

Das kleine Kind dort auf dem Bild

Das kleine Kind dort auf dem Bild,
das mit dem Teddy-Bären spielt,
das Kind dort mit dem runden Kopf,
das Kind dort mit dem blonden Schopf,

es geht mir gar nicht aus dem Sinn,
daß ich das einmal gewesen bin.
Und wenn ich mal nach langer Zeit
ein Bild mir anseh', wie ich heut'
und jetzt im Augenblick ausschau',
dann werde ich wohl ganz genau
so denken: War das wirklich ich?
Wie hab' ich bloß verändert mich!
Und doch bin ich nach Tag und Jahr
stets immer der noch, der ich war.
Die Zeit vergeht, die Zeit verrinnt,
aus einem Baby wird ein Kind,
und aus dem Kind wird irgendwann
mal eine Frau oder ein Mann.
Und doch: jung, alt, groß oder klein,
ich bin's, ich war's,
ich werd' es sein.

II.
Plädoyer für eine „anziehende" Erziehung

Wenn wir heute von Erziehung sprechen, ist meist von Maßnahmen, Strategien, Mitteln oder Erziehern die Rede. Es wurde wohl selten so viel über Erziehung geschrieben und geredet wie in unserer Zeit: Erziehungsratgeber für Eltern, Programme im Fernsehen, Hilfen für Lehrer, Aufklärung für Kinder und Jugendliche. Erziehung ist ein Geschäft geworden. Lernspiele, die Kreativität, Phantasie, abstraktes Denken und Lernvorgänge jeglicher Art beschleunigen sollen, werden derzeit von Lernprogrammen überrundet. Man hat nicht selten das Gefühl, der berühmte Nürnberger Trichter sei endlich erfunden, und man muß annehmen, bei so viel wissenschaftlich fundierter Erziehung wird uns bald eine Idealjugend beglücken.

Um so verdutzter stehen wir deshalb vor der Tatsache, daß Drogen, Gewalt, Sekten, Vandalismus und so weiter immer beängstigendere Folgen annehmen, daß die Kinder- und Jugendkriminalität seit Jahren steigt.

Wo liegt der Fehler? Mitten in der Euphorie der „Input-Jahre" schrieb der damalige Kultusminister Hans Maier: „Kein Zweifel, Erziehung ist im heutigen Bildungswesen, zumal in der Bundesrepublik Deutschland, ein schwindender Begriff ... Dort, wo der Begriff Erziehung an den der Fürsorge grenzt, fristet er unangefochten sein Dasein. Erziehung scheint uns noch das biologische Frühstadium des Menschen zu betreffen, seine auf Fürsorge und Wohlfahrt angewiesene Sozial- und Bedürftigkeitsnatur. Dagegen kommt das Wort in den späteren Lebensjahren, in denen Person und Charakter sich formen, nicht mehr vor."

Im Zusammenhang mit unserem Thema möchte ich an dieser Stelle daran erinnern, daß wir über allen Theorien die Ziele nicht vergessen dürfen. Ziellose Erziehung widerspricht in ihrem Ansatz dem Kern von Erziehung als einem Höherführen, als einem Verwirklichen von Bildung. M. Keilhacker sagt: „Wer erzieht, hat ein bestimmtes Ziel im Auge, gleichgültig ob er sich dessen bewußt ist oder nicht, und wer erzieht, setzt gleichzeitig Wertungen, und zwar innerhalb einer bestimmten Hierarchie von Werten."

Sie erinnern sich: Bei meinen Definitionsversuchen war von der „Lebenshilfe" die Rede. Nun gilt es natürlich herauszufinden, was für dieses Leben tatsächlich gut und wichtig ist, welches Rüstzeug unsere Kinder dafür brauchen und welche grundsätzliche Ausrichtung des Lebens wir uns letztendlich vorstellen.

Es ist heute nicht einfach, Ziele zu setzen. Dies sollten wir uns zunächst einmal klar machen, denn wir leben sicherlich in einer Zeit allgemeiner Verunsicherung, Beziehungslosigkeit und Desorientierung. Unter dem Schlagwort „Pluralismus" herrscht häufig die Meinung vor, daß beinahe alles erlaubt sei und der sogenannte „mündige Mensch" sich am allerbesten gleich selbst zu erziehen habe. Sehr gut hat Rudolf Affemann diese Einstellungen in einem Aufsatz wiedergegeben: „Es ist besonders der Pluralismus ..., der zur Beliebigkeit führt; wenn alles erlaubt ist, man jeden gewähren läßt, zerfällt das Gesellschaftsintegrat. Vorhandene Ordnungen lösen sich auf, neue können sich nicht bilden."

Natürlich will ich den Begriff Pluralismus nicht grundsätzlich verdammen. Er hat im politischen Leben seinen wichtigen Platz und er legt per Definition viel Wert auf die Freiheit. Doch im erzieherischen Bereich wird im Zusammenhang mit Pluralismus weniger von der Freiheit als vielmehr von der Befreiung von allen Pflichten und Bindungen gesprochen. Damit aber ist der Manipulation Tür und Tor geöffnet, denn Freiheit steht, wie ich bereits betont habe, immer unter irgendwelchen Bindungen und institutionellen Zusammenhängen. Wer aber diese Institutionen, diese Normen mit Verweis auf die angeblich notwendige Emanzipation des jungen Menschen grundsätzlich ablehnt, muß sich nicht wundern, wenn er das Kind oder den Jugendlichen überfordert, ihn orientierungs- und wertungslos „im Regen stehen läßt“. Ein Kind wird unter einer derartigen „Nicht-Anleitung“ zu Entscheidungen gezwungen, zu denen es noch gar nicht fähig ist.

Ich möchte mich jetzt nicht selbst hinter dem Schlagwort Pluralismus verbergen, sondern Stellung nehmen. Eigentlich sind die Ziele uralt und doch immer wieder neu. Es geht darum, daß der Mensch sie verwirklichen soll, daß sich das Ebenbild Gottes im Menschen zeigen soll. Gott ebenbildlich werden heißt, Gott ehren in allen Worten und Taten, Gott sehen in all seinen Werken, insbesondere in jedem einzelnen Menschen. Wie würde sich das Leben jedes Menschen, sein Alltag und seine Welt verändern, würde nur ein kleiner Teil des Geheimnisses in Christi Wort – „soviel ihr getan habt an einem geringsten von diesen meinen Brüdern, habt ihr an mir getan“ – realisiert. Das Kind in der Familie würde zur Chance seiner Eltern. Diese könnten durch die Beziehungen zu ihm selbst reifen und gleichzeitig ihrem Kind Hilfen geben, daß es zum reifen Menschen wird. Erziehung würde zur Beziehung, die in gesicherter gegenseitiger Notwendigkeit, in behutsamer Führung und Reifung zur Vollendung führen würde. Diese Beziehung wäre gekennzeichnet durch die Liebe, wie Jesus sie in der Bergpredigt fordert, einer Liebe, die bedingungslos ist, weil sie der Ausdruck der Ehrfurcht vor Gott ist, der selbst die Liebe ist.

Nun neigen wir dazu, hier schnell wieder ins Abstrakte zu verfallen. Wir brauchen etwas Greifbares, sofort Umsetzbares – konkrete Ziele. Hier taucht dann sofort der Begriff „Werte“ auf.

1. Werte sind das Leben wert

Kaum eine Frage im Zusammenhang mit dem Thema Erziehung ist umstrittener als die Frage nach den Werten. Einerseits gibt es wohl keinen Zweifel daran, daß der Erzieher die Aufgabe hat, den ihm anvertrauten Menschen zu etwas Wertvollem hinzuführen. Doch andererseits gibt es für die Inhalte und die Wesensmerkmale dieses Wertvollen eine derartige Unzahl unterschiedlicher Auffassungen, daß man darüber verzweifeln könnte. Müssen wir unsere Kinder zu wertvollen Bürgern erziehen, zu wertvollen Mitgliedern der Gesellschaft? Sollen sie artig sein, brav, ruhig und angepaßt oder stellt nur der kreative Rebell einen echten Wert dar?

Werte und ihre Inhalte kann man nicht einfach irgendwo ablesen oder statistisch erfassen. Werte stehen nicht wie Fixsterne am Himmel und leuchten uns die Richtung. Werte sind vielmehr äußerst abstrakte Begriffe, die keinesfalls unabänderlich sind: Die Vorstellungen über sie sind zumeist vage und widersprüchlich. Dennoch werde ich mich im folgenden bemühen, Ihnen meine „Werte" näher zu bringen und ans Herz zu legen, wenngleich diese Liste keinen Anspruch auf Vollständigkeit erheben will und kann.

Nehmen Sie sich doch jetzt fünf Minuten Zeit, schreiben Sie sich Ihre wichtigsten Werte auf und ergänzen Sie dann Ihre Liste eventuell durch einige meiner Werte.

1.1. Dem Wahren Geltung verschaffen und nicht der Lüge

Bevor ich mich mit dem Thema Wahrheit befasse, möchte ich Ihnen noch einige Denkanstöße an die Hand geben, die Ihnen zeigen sollen, wie schwierig und umstritten dieser Wert schon immer war und ist:

- „Nichts ist das Wahre, weil gar nichts wahr ist" (Nestroy, J. N.).
- „Die Wahrheit liegt zwischen zwei Extremen" (Heimann, M.).
- „Wenn es nur eine einzige Wahrheit gäbe, könnte man nicht hundert Bilder über dasselbe Thema malen" (Picasso, P.).

Sie merken schon: So eindeutig das Wörtchen „Wahrheit" uns zunächst erscheinen mag, so vielschichtig und widersinnig sind seine Auslegungen. Eine kleine Geschichte mag verdeutlichen, was ich meine:

Ein Scheich erwachte aus einem schweren Traum und ließ den Deuter rufen. Dieser sprach: „Großes Unglück steht Euch bevor, großmächtiger Gebieter. Ihr werdet alle Eure Söhne sterben sehen." Der Scheich erschrak, ließ den Wahrsager in Ketten legen und einen anderen holen. „Großmächtiger Herr und Gebieter", sprach dieser, „großes Glück weiß ich Euch zu künden, Ihr werdet alle Eure Söhne überleben." Da erfüllte sich das Herz des Scheichs mit Freude und der weise Wahrsager zog reich beschenkt von dannen.

Diese Geschichte amüsiert uns noch heute, viele Jahre nach ihrer Entstehung im Arabischen. Doch so nett sie sich liest, sie ist jedoch auch ein Gleichnis für den einerseits so verbissenen und andererseits doch so sorglosen Umgang des Menschen mit der Wahrheit. Denn die Geschichte der Menschen ist auch eine Geschichte der Suche nach der Wahrheit – egal ob sie „Heiliger Gral", „Erleuchtung" oder einfach „Tatsache" genannt wurde. Wie viele Begriffe, Konstruktionen und Sprichworte ranken sich um die Wahrheit! Beispiele gefällig? Wir sprechen vom „Wahrheitsfanatiker" und von der „Notlüge", für uns „haben Lügen kurze Beine" und „ehrlich währt am längsten". So manches Kind mag den Satz „Wer einmal lügt, dem glaubt man nicht ..." schon vernommen haben und hinter vielen Informationen vermuten wir „Halbwahrheiten". Goethe nennt das Wahre „eine Fackel, aber eine ungeheuere; denn deswegen suchen wir alle nur blinzelnd, so daran vorbei zu kommen, in Furcht sogar, uns zu verbrennen". Hatte Johann Wolfgang von Goethe etwa recht? Versuchen wir tatsächlich, uns an der Wahrheit vorbeizumogeln? Darauf eine „endgültige" Antwort geben zu wollen, hieße, sich selbst zum Richter und zum Hüter der Wahrheit zu machen, und deshalb will ich lieber versuchen, mich über Umwege an diese Frage heranzutasten.

In Zusammenhang mit dem Thema dieses Buches sollten wir uns zunächst einmal Gedanken darüber machen, wie sich den Kindern und Jugendlichen heute die „Wahrheit" erschließt. Zunächst kommen wir dabei natürlich um einen Blick auf unsere Medienlandschaft nicht herum, die dem menschlichen Erzieher heute schon sehr viel aus der Hand genommen hat. Ob das von Vorteil ist, wage ich zu bezweifeln, vor allem wenn ich den fahrlässigen Umgang mit der Wahrheit betrachte, den viele Medienvertreter heute für eine Selbstverständlichkeit halten. Ich will hier gar nicht mit dem Beispiel jener vielzitierten Schlagzeilen-Zeitung argumentieren, sondern möchte einfach auf den Dschungel der Teil- und Halbwahrheiten hinweisen, der täglich in unser Leben wuchert. Natürlich hat es so etwas wie die absolute Objektivität, Überparteilichkeit und Unabhängigkeit der Medien nie gegeben, auch wenn sie sich diese Begriffe auf die Fahnen schreiben, denn dort, wo es Meinungen gibt, werden diese auch immer in die Berichterstattung einfließen. Gegen dieses normale und verständliche „Stellungbeziehen" ist auch gar nichts einzuwenden, denn allein mit der emotionslosen Wiedergabe von Fakten wäre der Wahrheit wohl auch nicht gedient. Doch heute wird die „Wahrheitsverkündung" via Bildschirm oder Zeitungsseite weniger mit der Absicht der Überzeugung als der Überredung praktiziert. Die Botschaften werden plakativ und werbewirksam ins Bild gesetzt, Qualität wird oft durch Quantität ersetzt und nur die „Wahrheit“, die am lautesten verkündet wird, hat noch reelle Chancen, gehört zu werden.

Die Wahrheitssuche wird allerdings nicht nur durch die tägliche Buchstaben- und Bilderflut erschwert, nein, auch Zahlen spielen eine gewichtige und nicht immer rühmliche Rolle. Was ich hiermit meine, ist die sogenannte „Statistik-Moral“ oder „Mehrheiten-Wahrheit“. Allenthalben wird verkündet, was „in“ und somit richtig ist: Es gibt sogar regelrechte Trend-Hitlisten in verschiedenen Zeitgeist- und Jugendmagazinen. Die Folgen sind ebenso logisch wie enttäuschend, denn natürlich wollen Kinder und Jugendliche nicht als Außenseiter gelten, sondern richten sich nach dem angeblichen Willen einer angeblichen Mehrheit. Nur auf diese Weise haben sie wenigstens die Gewissheit, nicht „out“ zu sein, ohne dadurch allerdings zu wissen, ob ihr Verhalten auch einer genaueren Prüfung oder gar den eigenen Anforderungen auf Dauer standhalten kann.

Das Wesen der Wahrheit ist in den wenigsten Fällen mit Zahlenmaterial zu erfassen, auch wenn ich den Mathematikern ihr Recht auf die belegbaren Tatsachen der Wissenschaft keinesfalls absprechen möchte. Doch für die persönliche Wahrheitsfindung des Einzelnen taugen Statistiken und Formeln in der Regel nicht allzuviel, denn Wahrheit hat in erster Linie mit „Glaubwürdigkeit“ zu tun – ein Begriff, der sich in Zahlen kaum ausdrücken läßt.

Wenn wir uns mit dieser „Glaubwürdigkeit“ näher befassen, dann stoßen wir schnell auf die Worte „objektiv“, „sachlich“, „neutral“ und „wissenschaftlich“. Übertragen auf die Frage nach der „wirklichen Wahrheit“ in unserem Leben, fordern die aufgezählten Begriffe eine weltanschauungsfreie Sicht auf die Welt. Doch ist dies überhaupt möglich? Ist nicht schon allein die Ansicht, man könne ohne Weltanschauung absolut objektiv sein, eine ganz besondere Weltanschauung?

Auch der objektivste Wissenschaftler und der wissenschaftlichste Theoretiker betrachten die Welt stets unter ganz bestimmten Aspekten und Vorzeichen, die zumeist von ihren eigenen Lehren vorgegeben sind. Der Naturwissenschaftler sieht die Natur unter dem Gesichtspunkt der Berechenbarkeit, also ganz anders als der Naturfreund, der Lyriker, Maler ... Wer aber würde sich anmaßen zu entscheiden, welcher Aspekt der richtigere oder der wirklichere ist? Zu Recht fragt Michael Ende: „Ist der Mond, den Goethe duzte (‚füllest wieder Busch und Tal ...'), und der Klumpen aus Schlacke und Staub, auf dem die beiden Astronauten herumtaumelten, ein und derselbe Himmelskörper?" Man könnte weiter fragen: Wer hat recht, der Chemiker, der das Wasser nur als H_2O bezeichnet oder derjenige, dem es als erfrischender Schluck aus einer Quelle, als Lebensspender oder gar als heiliges Zeichen (Taufe!) erscheint? Diese Frage ist natürlich müßig. Die Welt und die Wirklichkeit sind immer „mehr". Sie lassen sich nicht einengen, nur von einer Seite her sehen. Der ehrliche Naturwissenschaftler gibt die Grenzen seines objektiven Erfassungsvermögens zu. Er weiß, daß das Naturgeschehen nicht bloß mechanistisch, sondern in einer fortwährenden Entfaltung begriffen ist.

Ich glaube, daß wir der Wirklichkeit näher kommen, wenn wir versuchen, sie vielfältig zu betrachten. Nicht als etwas Statisches, sondern als etwas Dynamisches. Wirklichkeit hat mit „wirken" zu tun, „ist" nicht nur, sondern „wirkt". Und wirken wir nicht auch auf die Wirklichkeit ein? Wieder frage ich mit Michael Ende: „Wenn unsere Vorstellungen von der Wirklichkeit sich ändern, ändert sich dann auch die Wirklichkeit?" Kommt es nicht ganz entscheidend auf unseren Standpunkt an, den wir zur Welt beziehen? Eines ist sicher: Eine weltanschauungsfreie Sicht gibt es nicht. Vieles ist nur „Ansichtssache" und es kommt ganz darauf an, von welchen Aspekten aus man etwas sieht. Da gibt es auch eine Reihe schöner Aussprüche:

- „In einem Gänsekalender wäre das Weihnachtsfest ein Heldengedenktag“ (Josef Neier o' Mayr).
- „Vom Standpunkt des Tieres betrachtet ist der Mensch ein Untier“ (Werner Mitsch).
- „Alles ist relativ. Für den Regenwurm sind Erdarbeiten etwas wesentlich Vergnüglicheres als Angeln“ (Werner Mitsch).

Wie wir die Welt sehen und erleben, ist eine Frage der Einstellung jedes Einzelnen. Es kommt oftmals darauf an, was man sehen will. Will man entweder unbedingt ein Haar in der Suppe finden, oder umgekehrt, blindlings von vornherein nur Schönes und Gutes in der Welt und im Menschen? Musil meint: „Etwas schön finden heißt ja wahrscheinlich vor allem: es finden.“ Das heißt wohl sogar noch mehr: „es finden wollen“. Eine der positivsten Einstellungen ist, mit Humor die Welt zwar möglichst wichtig, aber nicht zu ernst zu nehmen. Erich Kästner sagt: „Der Humor gibt dir ein Gespür für die Dinge, wie sie sich zueinander verhalten. Er macht die Erde zu einem kleinen Stern und uns selber bescheiden. Das ist viel. Denn bevor wir das Erzübel, die Eitelkeit, nicht fortgelacht haben, werden wir nicht zu dem werden, was wir wirklich sind: Menschen.“ Weltanschaulich neutral bleiben und sich raushalten zu wollen, ist nicht selten eine Flucht aus der Verantwortung für diese Welt. Alexander von Humboldt meint: „Die gefährlichste Weltanschauung ist die jener Leute, welche die Welt nie angeschaut haben. In unserer Menschenwelt, da darf man sich nicht raushalten, sie ist uns nicht nur gegeben, sie ist uns auch aufgegeben, wir sind verantwortlich für ihre Gestaltung.“

Wie sollen aber ausgerechnet Sie oder ich das Dunkle der Welt zu erhellen vermögen? Überschätzen wir uns da nicht? Die ganze Welt werden wir zwar nicht verbessern, aber es gibt ja auch so etwas wie unsere Welt, unsere Wirklichkeit, auf die wir einwirken können. Sind nicht manche Weltverbesserer deshalb zu unglaubwürdig, weil sie immer nur die ganz große Welt im Blick haben und darüber die ihre vergessen? Ein altes chinesisches Sprichwort heißt: „Es ist besser, auch nur eine einzige Kerze anzuzünden, als die Finsternis zu verwünschen."

Licht in die Welt bringt also, wer sich um eine positive Weltsicht bemüht, mit Liebe, Güte, Humor, aber auch voll Hoffnung und Vertrauen in einen letzten Sinn, der diese Welt zusammenhält.

Dem Wahren Geltung verschaffen heißt, sich der Wahrheit zu stellen und danach zu leben, heißt zuzugeben, daß es sich um meine Wahrheit handelt, aber auch aufzuzeigen, daß ich mich darum bemüht habe, daß sie meinen Wertkriterien standhält. Daß sie weder die Würde des Menschen noch die Ehre Gottes verletzt, daß sie lebbar ist. Erziehung zur Wahrheit heißt, Antworten geben auf die Fragen des Kindes, auch wenn es einmal unangenehm ist. Erziehung zur Wahrheit heißt aber auch, das Kind zum Fragen anzuregen, ihm Vorbild zu sein, auch zuzugeben, daß man etwas nicht weiß, heißt auch, zu seinen Emotionen zu stehen. Erziehung zur Wahrheit bedeutet, sich den Halbwahrheiten und Unwahrheiten des Alltags stellen. Sprechen Sie mit Ihren Kindern über eine Fernsehsendung. Fragen Sie: „Glaubst du, daß das so ist, glaubst du, daß alle Menschen so denken, warum spielen die uns das vor?"

Für die Umsetzung in der Erziehung bedeutet dies auch, daß man sich immer wieder gemeinsam mit dem Kind und den Jugendlichen auf die Suche nach dem macht, was wichtig und wesentlich ist, und daß man Sinnfragen nach dem Woher und Wohin wieder verstärkt in den Vordergrund rückt. Dazu gehört auch, daß man Wichtiges von der Wichtigtuerei unterscheidet, daß man sich bemüht, hinter die Halbwahrheiten zu sehen und die Wahrheit nicht losgelöst von Güte und Liebe zu betrachten. Es genügt nicht, einfach nicht zu lügen oder sich ständig auf die Realität zu berufen, sondern wir müssen auch täglich das, was wir gemeinsam mit unseren Kindern als gut und richtig benannt haben, in die Tat umsetzen und vorleben. Denn Wahrheit ist nichts Selbstverständliches und schon gar nichts Zementiertes. Wahrheit muß mit wirklichem Leben gefüllt werden, um „wahre Bedeutung" zu erlangen. Für den Erzieher stellt sich somit die Aufgabe, dem Schutzbefohlenen das notwendige Selbstvertrauen zu vermittlen, damit dieser lernt, nicht automatisch das zu tun und zu sagen, was eine zweifelhafte Majorität von ihm erwartet, sondern daß er rechtzeitig lernt, sich um das Wahre zu bemühen und nach seinem Wahren zu leben.

1.2. Das Schöne suchen und nicht das Kaputte

Stellt man die Frage nach Werten und Idealen, so wird heute kaum noch jemand mit „das Schöne" antworten. Gar zu tief sitzt schließlich die Angst, für oberflächlich oder banal gehalten zu werden, und so mancher Skeptiker vermutet hinter der schlichten Schönheit sofort einen ungeheuer häßlichen Pferdefuß. Dennoch: Im folgenden Kapitel möchte ich mich mit dem Schönen befassen, wobei ich von Beginn an einiges klarstellen will.

Um etwas schön zu finden, das Schöne festzustellen, braucht man bekanntlich Zeit und Muse. Und da derzeit kaum etwas kostbarer ist als Zeit, wird allenthalben versucht, uns die Suche abzunehmen. Schönheit wird als Ware präsentiert, das Schöne wird angeboten, vieles wird „schöngefärbt" und menschliche Schönheit dient als Lockvogel, um Käufliches an den Mann zu bringen. Pausenlos besteht das Bemühen, das jeweils Neue und Schöne auf einen imaginären Sockel zu stellen und es dann, nach unterschiedlich kurzer Verweildauer, wieder herunter zu stoßen. Schön ist das „Attraktive", das „Werbewirksame" und naturgemäß bemüht sich die Wirtschaft darum, den Geschmack möglichst häufig wechseln zu lassen, um möglichst viele Produkte mit dem Prädikat „schön" an den Konsumenten verkaufen zu können. „Mode ist käufliche Schönheit für sechs Monate", sagt Catherine Spaak. Wenn man dies bedenkt, stellt sich natürlich automatisch die Frage nach der „echten, wahren Schönheit". Kann denn Käufliches wirklich schön sein? Muß das Schöne nicht rein sein? Wie definiert man „schön"? Vor allem letzteres ist immer schwieriger zu beantworten, zumal uns nicht einmal mehr die Kunst zuverlässige oder gar eindeutige Auskünfte zu geben vermag. Denn die Kunst, noch vor Jahren als Sammelsurium der Schönheit angenehm mißverstanden, hat sich heute teilweise von ihr distanziert. Die Folge ist, daß man in der modernen Kunstszenerie den Begriff „schön" weitestgehend vermeidet und in einer Art Radikalumformung der Werte das Häßliche immer mehr zum Gegenstand der Kunst macht. Dies führt immer häufiger zu Verwirrung beim sogenannten Kunstkonsumenten, denn abhängig von Stilrichtung und Epoche ist das Schöne nicht unbedingt künstlerisch und das Häßliche muß nicht gleichzeitig wichtig und wertvoll sein – kann es aber durchaus. Doch diese fehlende Eindeutigkeit muß nicht unbedingt ein Nachteil sein. An dieser Stelle sei ausdrücklich betont, daß Kunst gar nicht bis ins letzte definierbar und analysierbar sein kann. Tatsache ist, daß der Kunst die vollständige Durchschaubarkeit nicht bekommen würde, denn nur wenn man ihr Raum läßt für Phantasie und Deutung, kann sie an- oder aufregen und nur dadurch hebt sie sich letztendlich auch vom Kitsch ab. „Der Kitsch spricht alles aus, während die Kunst alles nur andeutet" (Sigmund Graff). Gerade um dieses Andeuten geht es mir letztlich.

Langsam nähern wir uns über die Kunst nun wieder der Suche nach dem „Schönen". Beileibe nicht alles, was verständlich oder populär ist, ist Kunst – da haben die Skeptiker und Kunsttheoretiker schon recht. Doch ebenso verhält es sich mit dem Element des Negativen, Destruktiven und Häßlichen. Und genau darum geht es letztendlich: So wie etwas nicht nur Kunst ist, weil es unverständlich ist, ist nicht alles, was häßlich, böse oder zerstörerisch ist, schon Kunst. Die Provokation, das Aufzeigen von Fehlern und Mängeln, die Finger in offenen Wunden, das Heraufbeschwören von Ekel – das alles reicht nicht aus, um Kunst genannt zu werden. Kunst als lebendiger Prozeß hat zwar durchaus auch die Möglichkeit und vielleicht sogar die Pflicht, die Realität zu zeigen, doch darf sie nicht in Pessimismus erstarren. Viele Jahrhunderte hindurch war Kunst lebensbejahend und optimistisch, hat die Welt durch rosarote Brillen gesehen und sich in „Schönheitsexzessen" ergangen. Doch so überholt diese Auffassung auch sein mag, ist es doch ebenso falsch, nun ins andere Extrem zu verfallen. Und damit wären wir nun endgültig wieder beim Thema. Auf der Suche nach dem Schönen scheint es mir notwendig, etwas unpassender vorzugehen und nicht beim Häßlichen staunend und ein wenig resignierend stehen zu bleiben. Wir müssen uns vielmehr wieder aufmachen, das Schöne und Gute, wie immer man es auch definieren mag, zu erblicken und zu erreichen. Allerdings kommen wir nur dann auf diesem Weg voran, wenn wir das Schöne nicht als feststehende Idee ansehen, das in seiner Art und Beschaffenheit alle Zeiten überdauern muß: Das Schöne hat wechselnde Gesichter, ist vielleicht nicht nur das erreichte Ziel, sondern auch der Weg dorthin, ist möglicherweise auch Vorstellung und Phantasie. Ich sehe eine besondere Aufgabe der Erziehung darin, daß man die Kinder am Schönen beteiligt, daß man ihnen klar macht, daß Schönheit „eigenhändig" machbar ist.

Dazu ist es allerdings notwendig, dem Kind einen gewissen Gestaltungsfreiraum zu geben, denn es gilt nicht nur, den jungen Menschen bestehende und vorherrschende Kulturen und Schönheitsideale einfach überzustülpen. Jugendliche sollten vielmehr selbst Erfahrungen mit dem „Schönen“ machen, sollten selbst versuchen, „Schönheit“ zu schaffen, sollten sich selbst Rechenschaft darüber ablegen, was sie als schön empfinden und warum. Das allein bringt sie vorwärts. Vor allem glaube ich, daß man die Vielfalt des Schönen mehr unterstreichen sollte. Schließlich wird Schönheit nicht nur mit den Augen, sondern auch mit den Ohren, mit dem Geruchsinn und sogar mit der Haut auf- und wahrgenommen.

„Schönheit hat so viele Bedeutungen, wie der Mensch Stimmungen hat. Die Schönheit ist das Symbol der Symbole. Die Schönheit offenbart alles, weil sie nichts ausdrückt. Zeigt sie sich selbst, so zeigt sie die ganze Welt in ihren Feuerfarben“ (Oscar Wilde).

Wenn die Erziehung tatsächlich Lebenshilfe sein soll und darf, dann gehört der Begriff des „Schönen“ und der „Schönheit“ unverzichtbar dazu. Es hat nichts mit dem zu Unrecht vielgeschmähten „Heile-Welt-Denken“ zu tun, wenn wir versuchen, hinter grauen Wolken auch den strahlend blauen Himmel zu sehen. „Schönheit ist der Sinn der Welt. Schönheit genießen, heißt die Welt verstehen“, sagt Otto Julius Bierbaum, und wenn ich dieses Zitat richtig verstanden habe, bedeutet es auch, daß der Sinn für Schönheit das menschliche Leben reicher und lebenswerter macht. Wenn wir wollen, daß unsere Kinder dieses Prinzip nachvollziehen können, müssen auch wir begreifen, daß wir uns nicht mehr nur auf das Visuelle verlassen können, sondern Schönheit auch empfinden, wahrnehmen, kosten, riechen, schmecken und fühlen sollten, ja, daß sogar die Möglichkeit besteht, Schönheit im Laufe der Zeit erst zu erkennen, sozusagen „zu erlernen“. Da gibt es den schönen Spruch von Peter Altenberg: „Eine Hand wird zusehends schöner, wenn man sie streichelt“, und vielleicht haben auch Sie schon die Erfahrung gemacht, daß man Menschen um so schöner finden kann, je länger man sie kennt und liebt. Das, was uns ursprünglich als „wenig attraktiv“ oder sogar „häßlich“ ins Auge fiel, wird mit zunehmender Sympathie zum unverwechselbaren Kennzeichen, das wir nicht mehr missen möchten, das wir sogar als schön empfinden. Christian Morgenstern hat es folgendermaßen formuliert: „Schön ist eigentlich alles, war wir mit Liebe betrachten.“ Sie merken schon: Auch ich habe mich um eine endgültige Definition der Begriffe „schön“ und „Schönheit“ herumgedrückt. Schönheit ist eben nicht greifbar, verändert ihre Gesichter je nach Standpunkt des Betrachters und ihr Wesen je nach dem Ablauf der Zeiten. Etwas „schön“ zu finden ist stets eine subjektive Erfahrung und wird es immer bleiben, und wer sich damit nicht abfinden kann, sondern weiterhin nach allgemein gültigen Normen und Idealen sucht, wird vom Leben wahrscheinlich enttäuscht sein. Als kleine Hilfe für Sie und Ihre Kinder, um das Schöne wieder leichter zu finden, biete ich Ihnen die folgenden zwei Gedichte an.

Bildergalerie

Sicher hast du schon gesehen
an den Wänden von Museen
Bilder hängen, die man dann
voll Bewunderung anschaun kann.
„Dieses Bild“, erzählt der Führer
„stammt von Rubens, dies von Dürer.
Einmalig ist's auf der Welt,
und es kostet viel, viel Geld.“
Hast du dieses nun vernommen,
ist dir in den Sinn gekommen
vielleicht: wenn ich hätt'
doch auch eine Rarität.
Hinge doch in meinem Zimmer

so ein Bild, das ich dann immer
anschaun könnt' und das allein
mir gehört. Ach, wär' eins mein.
Sicher kann man solchen Träumen
hin und wieder Zeit einräumen,
doch sie werden, ist ganz klar,
wirklich selten jemals wahr.
Darum möcht' ich dir fürs Leben
einen guten Ratschlag geben:
Schaff dir selber so was wie
eine Bildergalerie!
Einen Tag verbring mit Freude!
Übermorgen, morgen, heute,
spiele, scherze, singe, lach',
oder lies und denk mal nach,
mach dir heiter-frohe Stunden,
und mal' sie dir dann mit bunten,
wunderschönen Farben aus!
Mach dir so ein Bild daraus,
denk dir darum einen Rahmen,
gib dem Bild noch einen Namen,
und nun häng das Ganze drauf
gut in dem Gedächtnis auf!
Mach das öfters, du wirst sehen,
nicht einmal in den Museen
gibt es eine so wie die:
deine eigne Galerie.
Außerdem, du kannst mit trauen,
kann die Bilder niemand klauen.
Niemand gibt's, der sie zerstört.
Und sie sind von größtem Wert,
wirklich echte Kostbarkeiten,
Originale, Seltenheiten.
Freu dich, daß du beides bist:
Maler und auch Galerist.

Schön

Frag einmal verschiedene Leute:
Sag mir: Was ist das: schön?
Da wirst du sehr schnell erleben,
wie verschieden sie das sehn.
Manche finden blau am schönsten,
andere rot und andere grün,
manche finden schöner München,
andere Rom und andere Wien.
Ferien, sagt der eine,
sind am schönsten stets am Meer,
Berge finden andere schöner,
und sie fahren weit, weit her.
Manchen finden diesen Menschen
schön und manche den.
Ja, es ist nicht leicht zu sagen,
wie und was ist das nun: schön.
Oder gibt es dieses Schöne,
von dem man so häufig spricht,
weil's ein jeder anders findet,
vielleicht etwa wirklich nicht?
Diese Antwort aber, meine ich,
wäre leider ziemlich dumm;
denn ich glaub, es gibt viel Schönes,
schau dich in der Welt bloß um.
Man muß, um etwas schön zu finden,
freilich sich zunächst bemühn,
um das Schöne erst zu finden.
Und darum behaupt ich kühn:
Schön, das hängt sehr viel von uns ab,
wie wir diese Welt besehn;
was mit Liebe wir betrachten,
wird fast wie durch Zauber schön.

1.3. Das Gute verteidigen und nicht bloß das Nützliche

Zwischen dem „Guten“ und dem „Schönen“ gibt es einen gewaltigen Unterschied, den schon Bernard Le Bovier de Fontenelle erkannt hat: „Das Gute muß bewiesen werden, das Schöne nicht.“ Und damit wären wir sowohl mitten im Thema als auch bei der ersten Schwierigkeit. Was ist eigentlich „gut“? Fest steht, daß es in unserem täglichen Sprachgebrauch eine herausragende Position einnimmt, denn schließlich kann man beinahe jeden beliebigen Gegenstand mit dem Wort „gut“ be- und auszeichnen. Wichtig zu wissen ist auch, daß es für kaum ein anderes Wort derart viele Synonyme und Ersatzbegriffe gibt, die je nach Alter und Mundart verwendet werden: „prima“, „super“, „klasse“, „irre“, „pfundig“, „toll“ oder „geil“ – die Liste ist mannigfach ergänzbar. Wir bezeichnen mitunter einen Schweinsbraten ebenso als „gut“ wie das neue Auto, die Fernsehreportage oder den Vorgarten unseres Nachbarn. In diesem Zusammenhang stellt sich natürlich automatisch die Frage, inwieweit „gut“ eine qualitative Wertung darstellt. „Gut“ bedeutete ursprünglich, daß eine Sache richtig gemacht wurde oder zumindest für den Sprecher von Grund auf vertretbar war. Das Wort „gut“ hat also ebenso wie das Hauptwort „Güte“ eine moralische Komponente. Daß wir Dinge und Gegenstände als „gut“ bezeichnen, hat sich erst allmählich in unseren Sprachgebrauch eingeschlichen. Nun ließe sich aber trefflich darüber streiten, ob Dinge tatsächlich gut oder nicht gut – böse oder nicht böse – sein können. Edward Teller meint dazu: „Ein Gegenstand ist weder gut noch böse. Gut und böse ist der Gebrauch, den der Mensch davon macht.“

Mittlerweile haben Sie sicherlich schon bemerkt, daß ich vom eigentlichen Thema wieder etwas abgekommen bin, schließlich soll „das Gute“ hier als Wert behandelt werden und nur ganz am Rande als Eigenschaftswort für Qualitätsdefinitionen. Wenn wir nun „das Gute" tatsächlich als Richtschnur unseres Handelns gelten lassen, stellt sich für einen Erzieher zunächst einmal natürlich die Frage, was er selber für „gut und richtig" hält, ob dies vor den Augen der ihn umgebenden Gesellschaft bestehen kann und wie er dies dem Kind vermittelt. Vor allem der erste Teil dieser Frage ist so schwierig nicht zu beantworten. Der „gute Mensch" ist ganz zweifelsfrei der hilfsbereite, der soziale, der großherzige, der liebevolle, der zärtliche, der freundliche, der humorvolle und tolerante Mensch. Doch wie beweist sich dieser gute Mensch und wie können wir nachprüfen, ob wir diesen Ansprüchen zumindest teilweise genügen? Nun, es wird sicherlich nicht ausreichen, die Standardfrage nach der „guten Tat" zu stellen. „Der Mutter die Kohlen aus dem Keller holen" ist womöglich noch überholter als das berühmte Motto: „einer alten Frau über die Straße helfen". Viel mehr Erwähnenswertes will kaum jemandem bei dieser Fragestellung einfallen. Und dabei liegt „das Gute" doch so nahe: Wir sollten es ganz einfach mit dem Satz halten: „Ein bißchen Güte von Mensch zu Mensch ist besser als alle Liebe zur Menschheit". Es geht einzig und allein darum, konkret Gutes in seiner Realisierbarkeit zu erkennen, aufzuzeigen und dann aufzupassen, ob uns der Andere gerade braucht.

„Nächstenliebe" heißt also auch hier das Zauberwort, das allerdings alleine noch nicht ausreicht, um das Wesen der Güte und der „guten Tat" zu definieren. Wir brauchen vielmehr auch unsere eigene bedingungslose Zustimmung, das Gute, „die gute Tat" und die Güte als Maßstab unseres Handelns und Seins anzuerkennen. Nur wenn wir uns auf die tägliche Verneinung des Bösen festlegen, können wir das Gute langfristig überzeugend vertreten. Die Bitte des Vaterunsers: „Und führe uns nicht in Versuchung" hat noch nichts von ihrer Aktualität und Bedeutung eingebüßt.

An dieser Stelle möchte ich noch einmal auf die Möglichkeiten der Erziehung zu sprechen kommen. Das Kind lernt Gutes und Böses ganz zwangsläufig zunächst in Form einer Schwarz-Weiß-Malerei. Da gibt es beispielsweise die faszinierende Welt der Märchen, in denen das Gute belohnt und das Böse bestraft wird. Das ist zwar heutzutage für viele eine unzulässige Vereinfachung, doch bin ich nach wie vor der Meinung, daß Kindern zunächst ein gewisses Denkschema an die Hand gegeben werden sollte, bevor man ihnen zeigt, wie man sich davon löst. Allerdings stimme ich durchaus auch der Forderung zu, daß man Märchen ab einem gewissen Alter der Kinder kritisch begleiten sollte und beispielsweise das Vorurteil, daß das Gute immer schön und das Böse immer häßlich ist, frühzeitig bekämpft. Doch das entscheidend Wichtige, das nach wie vor für die pädagogische Verwendung von Märchen spricht, ist die schlußendliche Hoffnung auf das Gute, das am Ende immer siegt. Die gute Tat erhält im Finale ihren guten Lohn und damit lernen die Kinder auch mit abstrakten Begriffen wie „Recht“, „Unrecht“ und „Gerechtigkeit“ umzugehen.

Ein Problem der Erziehung ist heutzutage oftmals die Frage nach dem „ganz Guten“ und „ganz Großen“. Viele Theoretiker weisen uns Wege zur „guten“ oder doch zumindest „verbesserten“ Gesellschaft, bieten aber wenig Möglichkeiten an, die Wege dorthin zu finden. Es wird viel mit Vorwürfen und Vorbehalten gearbeitet und häufig dominiert die Ansicht, daß alles, was anders ist, schon allein deshalb gut sein müsse. Somit kommt es vielerorts zu purem Aktionismus, der häufig in Resignation und Enttäuschung mündet, während man den kleinen Schritt zum Guten hin, die unauffällige „gute Tat“ übersieht.

Ermutigung

Jede Wolke zieht mal weiter
und die Sonne spitzt heraus.
Nichts hängt nur nach einer Seite,
auch das Ärgste ist mal aus.

Nimm das Leben nicht zu tragisch,
laß die Zeit dir nicht verderben.
Lach und sei ein wenig lustig!
Auch der Traurige muß sterben.

Ist die Nacht auch noch so dunkel,
irgendwann wird's wieder licht,
und kein Winter ist so eisig,
daß ihn nicht ein Frühling bricht.

Nur nicht immer gleich verzagen,
zeig ein wenig Lebensmut.
Sieh nicht immer nur das Schlechte,
irgendwann wird alles gut.

Sieh beim Schatten stets die Sonne,
die gewiß dahintersteht.
Glaub ans Leben und vertraue,
daß es wieder aufwärtsgeht!

Wenn wir also übers „Gutsein" sprechen oder wenn von der „Güte" die Rede ist, dann sollte man den Begriff des „Nächsten" damit in einen engen Zusammenhang setzten. Für den normalen Menschen – und erst recht für Kinder – ist das Erlernen eines abstrakten Begriffes kaum möglich. Das Gute sollte stets personalisiert und damit verdeutlicht werden. Das heißt auch, daß man – bevor man nach dem Schlechten bei jemandem oder bei einer Sache Ausschau hält – zunächst versucht, das Gute zu entdecken. Unsere Zeit läuft nämlich immer häufiger Gefahr, kritisches Denken mit der zwanghaften Suche nach den dunklen Seiten zu verwechseln. Diesen Unterschied herauszuarbeiten ist unter anderem Aufgabe der Erziehung, denn genausowenig wie wir den jungen Menschen zu einem kritiklosen und ewig lächelnden Ja-Sager erziehen wollen, sollten wir ihm permanente Skepsis und grundsätzliches Mißtrauen einflößen. Es mag naiv sein, zunächst das Gute im Menschen sehen zu wollen, doch macht es das Leben sicherlich ein wenig leichter. Und einer gesunden Naivität muß sich niemand schämen, vorausgesetzt sie ist getragen von einer durchdachten, optimistischen Grundeinstellung und gerät mit der klaren Sicht für die Dinge nicht in Konflikt. Es sind nicht die rosaroten Wölkchen, nach denen Ausschau gehalten werden soll, sondern es sind die guten Seiten unseres Nächsten, die wir erkennen und honorieren sollten. Tun wir das, so bekennen wir uns zum „Guten" und sind auf dem Weg zum „guten Menschen" vorangekommen.

Für den Erzieher heißt das, dem Kind zunächst den Blick für das Gute und Schöne im Leben zu öffnen und das Leben in seiner Gesamtheit als „gutes Geschenk" zu verdeutlichen. Unseren Kindern sollte klar sein, daß „gute Taten" keine Sekundärerfahrungen sind, die sie von irgendwelchen Lichtgestalten via Bildschirm angeboten bekommen, sondern daß sich uns selbst jeden Tag die Möglichkeit bietet, Gutes zu erleben und Gutes zu tun. Das Gute ist eine Sache des Alltags, spielt sich inmitten unseres täglichen Lebens ab. Dazu ist es allerdings notwendig, in allen Bereichen der Erziehung mit „gutem Beispiel" voranzugehen. Zu guter Letzt möchte ich noch einmal auf die Erfahrbarkeit des Guten hinweisen. Es sei noch einmal betont, daß „das Gute" konkret, überschaubar und erreichbar präsentiert werden muß und nicht als abstraktes Ziel äußerster Frömmigkeit, Selbstdisziplin oder Enthaltsamkeit am Ende eines unendlich langen Weges. Daß es dort unter Umständen auch gefunden werden kann, steht ohnehin außer Frage, doch dürfte diese Sicht der Dinge für die wenigsten Kinder der erstrebenswerte Einstieg sein.

1.4. Das Heilige verehren und nicht die Dämonen

„Dem ist nichts mehr heilig." In manchem Film fällt dieser Satz beiläufig und gilt als Kompliment für „rauhbeinige" oder besonders „durchsetzungsstarke" Helden. In der Tat fällt es uns heutzutage schwer, den Begriff „heilig" in anderen Zusammenhängen zu benutzen. Vielmehr wird man zumeist müde belächelt, des falschen Pathos' bezichtigt oder ganz einfach für einen fanatischen Frömmler gehalten, wenn man von Heiligkeit spricht. Zwar werden wir in der Kirche – sofern man sich als praktizierenden Christ versteht – ab und zu an die „Heiligen" erinnert; man feiert „Allerheiligen" und erwähnt beim Kreuzzeichen halbabwesend auch den „Heiligen Geist", doch das Wort an und für sich erscheint uns als überflüssiges Relikt aus längst vergangenen Tagen. Unsere „aufgeklärte" Welt hat das „Heilige" mit dem Stempel des Unerklärlichen und damit des Unberührbaren versehen. Da man den Begriff weder in eine Formel fassen und ausrechnen noch verständlich abkürzen oder gar mit zeitgeistgemäßen Synonymen umschreiben kann, wird er einfach nicht mehr erwähnt.

Um die zeitlose Aktualität dieses Begriffes dennoch zu verstehen, muß man sich seinen Wortstamm näher betrachten. Im „Heiligen" steckt das „Heil", sein Gegenteil ist Unheil. Niemand – schon gar kein aufgeklärter Mensch – wird bestreiten wollen, daß es auf der Welt jede Menge „Unheil" gibt. Doch dort, wo Schatten ist, muß auch Licht sein, und dort, wo das Unheil existiert, muß es auch so etwas wie

Heil geben. Das mag zwar weniger offensichtlich sein, doch gerade die Tatsache, daß es so schwierig zu finden ist, macht es scheinbar für viele um so begehrenswerter. Wie sonst wäre es zu erklären, daß sich immer mehr Menschen „seltsamen Heiligen" anvertrauen und sich von ihnen Erlösung oder zumindest Rat erhoffen. Andere suchen ihr „Heil" in der bedingungslosen „Flucht nach vorne" oder vertrauen blindlings einem Fortschrittsgedanken, der sie – am Abgrund stehend – einen Schritt nach vorne machen läßt. Der Erfolg „heiligt" ja bekanntlich die Mittel, und prompt ist er zu einer Art Ersatzreligion, zu einem Kult geworden, dessen Herkunft und Sinn man nicht mehr zu erfragen wagt.

Diejenigen, die diesem Zug nicht folgen können, suchen ihr „Heil" in der „Flucht in die Sucht", konsumieren Drogen, um ihr ganz persönliches Licht zu sehen oder flüchten sich in die gierig ausgebreiteten Arme von Sekten, die einen neuen, tieferen Sinn anpreisen und von geschickten Marketing-Strategen ihre höchst dubiosen Heilslehren in die seelische Leere streuen lassen.

Als Christen dürfen wir uns mit dem Bedeutungsverlust des Begriffes „heilig" nicht abfinden. Es genügt nicht, Franz Schuberts „Heilig, heilig ist der Herr" mitsingen zu können – wir sind vielmehr aufgefordert, dem Heiligen wieder den Sinn zu verleihen, der ihm zusteht. Auch, und gerade als Erzieher haben wir diese Pflicht und Schuldigkeit, zumal diese Aufgabe leichter ist, als es scheinen mag. Eine kleine Geschichte:

Der fünfjährige Uli hat der Mutter mal wieder „ein Loch in den Bauch" gefragt. Schließlich waren beide mit der Kette der Fragen und Antworten beim lieben Gott angelangt: „Und wer hat den lieben Gott gemacht?" fragt das Kind. „Niemand", sagt die Mutter. „Aber irgend wer muß ihn doch gemacht haben. Alles ist von jemandem gemacht!" beharrt der Junge. „Gott ist nicht gemacht worden – und jetzt hör endlich auf mit deiner ewigen Fragerei!" So beschließt die Mutter das

Gespräch, und Uli trollt sich zunächst auf sein Zimmer. Für ihn ist die Sache mit Gott nicht erledigt. Es dauert nicht lange, dann beginnt Uli wieder: „Du, Mutti, ich weiß schon, warum den lieben Gott keiner gemacht hat.“ Jetzt ist es an der Mutter zu fragen. „Nun, weißt du, wenn den lieben Gott einer gemacht hätte, dann wäre er ja der liebe Gott!“ Uli ist mit der selbst entdeckten Antwort zufrieden. Der Mutter bleibt das Staunen über diese philosophischen Gedankengänge ihres fünfjährigen Sohnes (nach M. Nemetschek).

Sie sehen an diesem Beispiel, daß Kinder oft eine natürliche Genialität besitzen, die den Erwachsenen verloren gegangen ist. Das Kind ist noch offen im Stadium des Heranwachsens und macht von seinem Recht zu fragen reichlich Gebrauch. Wenn wir ihm für manche Dinge keine Lösungen anbieten können, dann zimmert es sich eben selbst eine Antwort zurecht, die manchmal in ihrer Einfachheit verblüffend logisch ist. Kindern fällt es demzufolge nicht allzu schwer, mit dem Begriff des Heiligen etwas in Verbindung zu bringen – vorausgesetzt, wir lassen das zu. Doch um überhaupt zu diesem Thema zu gelangen, müssen wir unseren Kindern die Möglichkeit bieten, sich zunächst einmal durch den ganzen Berg der wesentlich offensichtlicheren und „handfesteren“ Fragen hindurch zu kämpfen, bis wir schlußendlich – mit ein bißchen Glück und viel Geduld – beim Wunder der Schöpfung in seinem Selbstwert angelangt sind. Dort, wo es keine menschlichen Antworten mehr gibt, sei es bei der „endlichen Unendlichkeit“ des Raums, sei es beim Thema „Zeit“ oder sei es bei der Entstehung des Lebens, dort erschließt sich – hoffentlich auch unseren Kindern – das Geheimnisvolle des Unerforschbaren. Allerdings dürfen wir nicht den Fehler begehen, gleich auf den „lieben Gott“ zu verweisen, wenn uns einige passende Antworten auf Kinderfragen fehlen. Dann nämlich wird Gott zu etwas Alltäglichem, das – bar jeglichen Geheimnisses – nicht mehr so recht ernst genommen werden kann. Und dann geschieht genau das, wovor ich am Beginn des Kapitels bereits warnte: Der junge Mensch sucht sein Heil eben dort, wo ihm die Erfüllung am lautesten versprochen wird.

Wie in der gesamten Wertefrage scheint es mir besonders wichtig zu sein, das „Heilige“ zu konkretisieren, wenn möglich sogar zu personalisieren und es dem jungen Menschen erlebbar zu machen. Gerade aus dem „Heiligen“ dürfen wir keinen fernen Fixstern machen, der uns ein kaltes Licht zuwirft, sondern wir müssen versuchen, den vielleicht tiefsten Sinn unseres Lebens erfahrbar werden zu lassen: Unsere Welt mag zwar nicht absolut „heil“ sein, doch ist viel „Heiles“ in ihr enthalten. Geheimnisse und Wunder sollten nicht total aus unserem „aufgeklärten Denken“ verbannt werden, denn „wer nicht an Wunder glaubt, ist kein Realist“ (Ben Gurion).

Hoffnung

Welch großes Wunder jedes Jahr,
daß das, was abgestorben war,
im Frühjahr wieder neu sich rührt
und wieder ganz lebendig wird.

Es ist ein Wunder, welche Kraft
in allem wirkt und treibt und schafft
und aus dem Toten über Nacht
die ganze Welt lebendig macht.

Hoff' und glaub', daß jedes End
schon einen neuen Anfang kennt,
daß das, was gut ist, nicht vergeht
und daß am End' das Leben steht.

Wie in diesem Gedicht beschrieben, leben der menschliche Geist und die Seele von der Hoffnung auf das Heil, das dieser Welt und unserer Religion inne wohnt. Seit Anbeginn der Zeiten hat sich der Mensch immer wieder auf die Suche nach dem Heil und dem Heiligen gemacht, hat sich am Heil und seinem Wahrhaften verkündend orientiert und aufgerichtet.

Alle Philosophen, auch die pessimistischsten unter ihnen, haben es als die entscheidende Aufgabe des Menschen angesehen, für das Heil der Seele und auch des Leibes Sorge zu tragen. Heil zu bringen und zu heilen – die wohl vornehmste und letztendlich wohl auch wichtigste Aufgabe des denkenden Menschen –, diese Ausrichtung ist es wert, an unsere Kinder weitergegeben zu werden.

Um dies zu schaffen, müssen Sie von Beginn an die Gemeinsamkeiten der Begriffe „Heil“ und „heilig“ herausarbeiten. Erklären Sie, daß die „Heiligen“ auch „Heilsbringer“ waren und daß sie für die Größe ihrer Taten geehrt werden. Machen Sie deutlich, daß jeder ein „Heiler“ sein kann, und vergessen Sie nicht, die modernen Heilslehren kritisch zu durchleuchten, abzuklopfen und auf ihre Käuflichkeit hin zu untersuchen. Es ist weder unzeitgemäßg noch unpassend, an die Taten der Heiligen zu erinnern, doch sollten Sie dabei nicht versäumen, den realen Bezug alter Legenden herzustellen. Geben Sie sich keine Mühe, das Rätselhafte zu entmystifizieren, aber errichten Sie auch keinen unbesteigbar hohen Anspruchsockel. Jeder kann sein Heil finden, Heil schenken und damit einen Augenblick lang ein „Heiliger“ sein. Dafür gibt es keine Jahreszeit – das „Heil“ hat immer Saison.

1.5. Die Werte und die anderen

Kennen Sie den typischen Satz: „Eigentlich habe ich ja nichts gegen ... " und das unvermeidlich darauf folgende „aber"? Jeder von uns würde wohl mit Empörung die Vermutung von sich weisen, intolerant zu sein. Doch nach dem eben zitierten „aber" folgen sehr oft jede Menge Vorurteile und Verallgemeinerungen, die von einem Einzelerlebnis ausgehen und daraus unzulässige Schlüsse für das Ganze ziehen. Egal ob der Satz auf Ausländer, Kinder, Jugendliche, autofahrende Frauen, Politiker oder Journalisten gemünzt ist: Stets beweist er lediglich die Unfähigkeit des Sprechers, sich vorurteilslos mit der jeweiligen Thematik zu befassen. Der Ablauf derartiger Gespräche, die zumeist Monologe sind, ist aber fast immer der gleiche. Irgend jemand erzählt von einer ausnehmend schlechten Erfahrung, die er mit jemandem aus einer ganz bestimmten Gruppe gemacht hat, und schon ist diese Erfahrung typisch für die ganze Gruppe, für ein ganzes Volk, für die „anderen". Und wenn der Wortführer dann auch noch die „richtigen" Zuhörer hat, dann wackeln sie mit den Köpfen und seufzen: „So sind sie halt, diese ..." Seltsam nur, daß man viel seltener von Vorurteilen unter umgekehrten Vorzeichen hört: Oder wo, bitte schön, wäre denn schon einmal eine angenehme oder gute Erfahrung verallgemeinert worden?

Vor nicht allzu langer Zeit wurde eine Reihe von Lehrern befragt, welche Erziehungsziele sie als verbindend bezeichnen würden. An erster Stelle wurde „Toleranz" genannt. Wie für so viele große und höhere Ziele gilt auch hier, daß man in kleinen Schritten vorgehen sollte, um langfristig große Erfolge zu erzielen. Der elementarste dieser Schritte ist wohl der Versuch, sich in den jeweils anderen hinein zu versetzen, um ihn dadurch besser zu verstehen. Wenn man weiß, „wo ihn der Schuh drückt", oder wenn man zumindest eine Ahnung davon bekommen hat, welches „Packerl" er zu tragen hat, haben wir eine Grundlage für die Toleranz geschaffen. Doch um uns in die Lage eines anderen versetzen zu können, muß dazu zuerst ein echter Wille vorhanden sein, und die Bildung dieses Willens ist die Aufgabe der Erziehung. Um dieser Aufgabe gerecht zu werden, müssen Sie die Phantasie Ihrer Kinder anregen und beanspruchen. Machen Sie ihnen klar, wie langweilig es auf der Welt wäre, wenn alle gleich aussehen, reden und denken würden.

Manchmal triffst du einen Menschen

Manchmal triffst du einen Menschen,
der ganz anders ist als du,
weil er etwas anders aussieht
und weil er vielleicht dazu
auch noch etwas anders redet,
daß man ihn oft kaum versteht,
anders glaubt und anders betet.
Wenn ihr einen andern seht,
überlegt doch, daß die einen eben
anders als die andern sind,
weil sie sonst woanders leben,
eines andern Landes Kind.
Anderssein, das heißt nicht dümmer,
fauler oder schlechter sein.
Aber öfter ist der andre,
weil er anders ist, allein.
Denk daran, daß du bei andern
ebenfalls ein andrer bist,
der sehr froh ist, wenn dort einer
dir ein guter Freund bald ist.

Einen sehr wichtigen Denkanstoß, der auch Kindern einleuchten müßte, hat Gertrud von le Fort ins Gespräch gebracht: „Es gehört fast ein wenig Freude an andersartigen

Meinungen dazu – reine Entdeckerfreude im Menschlichen, mit einem Wort, man muß, um ein rechtes Gespräch zu führen, vor allem zuhören und verstehen wollen."

Durchaus möglich, daß sie damit schon auf die heute fehlende Streitkultur in den Rundfunk- und Fernsehdiskussionen verweisen wollte, denn dort herrscht meistens die Unsitte vor, mit der eigenen, zementierten Meinung anzurücken, keinen Zentimeter von ihr abzuweichen und sich sämtlichen anders lautenden Argumenten konsequent zu verschließen. Den rechten Sinn mag ich in derart geführten Diskussionen allerdings nicht zu entdecken.

Doch zurück zum Thema Toleranz. Eine der kürzesten Regeln der Toleranz ist nach wie vor die, daß unsere Freiheit da endet, wo die des anderen beginnt. „Was du nicht willst, das man dir tut, das füge auch keinem anderen zu." Dieser Gedanke, so schlicht er auch sein mag, steht für einen erzieherischen Grundsatz, der sich – ebenso schlicht – mit Nächstenliebe umschreiben läßt. Demzufolge bedeutet Toleranz durchaus mehr, als nur den anderen zu ertragen. Sie darf nicht nur ein anderes Wort für „Gleichgültigkeit" sein, sondern steht auch für ein „Sich-Entgegenkommen", „Verstehen" und „Akzeptieren". Max Frisch schreibt in diesem Zusammenhang, man solle „dem anderen die Wahrheit wie einen Mantel hinhalten und sie ihm nicht wie einen nassen Lappen um die Ohren schlagen". Toleranz versucht nicht, den Menschen gegenüber derart „verständnisvoll" zu beeinflussen, daß er schlußendlich unwillkürlich die Meinung seines Gesprächspartners annimmt, sondern man läßt den anderen gelten und stellt durchaus auch sich selbst in Frage. Natürlich ist es einfacher, den „Splitter im Auge des anderen zu erkennen, als den Balken im eigenen".

Um Ihren Kindern das Thema näher zu bringen, schlage ich vor, daß Sie sie mit der ewig jungen Fabel vom „geheimnisvollen" Stamm konfrontieren. Diesem Stamm gehören sehr viele und eigentlich sehr unterschiedliche Leute an, und sie alle haben eines gemeinsam: Verglichen mit uns, sind es wirklich sehr unangenehme Zeitgenossen. Wenn wir sparsam sind, dann sind diese Menschen geizig, sind wir vorsichtig, so sind sie feige. Wir sind ordentlich, sie pedantisch, wir sind bescheiden, sie sind arrogant. Wir haben einen Standpunkt, sie sind festgefahren, und wenn wir mit der Zeit gehen, hängen sie ihr Fähnchen in den Wind. Wir denken rational, sie sind berechnend und dort, wo wir originell sind, sind sie seltsame Käuze.

Haben Sie den Stamm identifiziert? Ganz klar: Es handelt sich um das Volk „der anderen", die wir eigentlich nur brauchen, um unsere eigenen Vorzüge ins rechte Licht zu setzen, und um uns positiv abzuheben. Gut sind „die anderen" auch noch für Schuldzuweisungen jedweder Art, denn jeder Fehler, der begangen wird, läßt sich durch das Verschulden „der anderen" bestens begründen. Doch so verlockend die Geschichte auch klingt – warnen Sie Ihre Kinder: In den Augen der meisten anderen sind wir „die anderen". Unangenehm, nicht?

Für viele mag es banal klingen, doch wünsche ich mir, daß wir ein früher viel gehörtes Wort wieder etwas mehr beherzigen: „Mein Gott, er ist ja auch nur ein Mensch." Ein Mensch mit Fehlern und Schwächen, ein Mensch mit viel Verstand oder wenig, ein Mensch mit Herz und Mut oder einer, den das Leben ungerecht hart bestraft hat. Ich erinnere mich deutlich an ein Gespräch, das vor Jahren einige Kollegen über einen Abwesenden führten. Da wurde geschimpft und gelästert und über diesen Mann hergezogen, bis plötzlich einer der Anwesenden nachdenklich sagte: „Ach, was soll's, sterben muß er auch." Mit diesem simplen Satz wurden alle im Raum urplötzlich an die eigene Sterblichkeit, an das eigene Menschsein und damit auch an die eigenen Fehler erinnert, und die schadenfrohe Diskussion hatte ihren Reiz verloren. Es wäre schön, wenn wir daraus etwas lernen könnten.

Toleranz ist eine Voraussetzung für eine intakte Gesellschaft. Schon der römische Philosoph Seneca meinte: „Willst du für dich leben, lebe für andere", und André Gide stellte fest: „Der beste Versuch, sich selbst kennenzulernen, ist der Versuch, andere zu verstehen."

Schließen möchte ich dieses Kapitel mit Karl Rahners „Gebet der Toleranz" und einem kleinen Gedicht: „Herr, da ist der andere, mit dem ich mich nicht verstehe. Der gehört dir, du hast ihn geschaffen, du hast, wenn nicht so gewollt, ihn so gelassen, wie er eben ist. Wenn du ihn trägst, mein Gott, will ich ihn auch tragen und ertragen, wie du mich trägst und erträgst."

Es ist ein Glück, daß es dieses Anderssein auf der Welt gibt. Wäre es nicht traurig, wenn alle gleich aussehen, denken und reden würden?

Stell dir einmal vor, es glichen
alle Blumen sich genau,
hätten nur die eine Farbe,
wären rot bloß oder blau,
keine länger oder kürzer,
alle wären ganz gleich groß
und sie würden ganz gleich duften,
oder aber, denk dir bloß,
all die vielen, vielen Tiere,
die es gibt auf Erden hier,
würden alle gleich aussehen,
eins so wie das andere Tier.
Alle wie die Elefanten
oder alle wie ein Hund,
oder alles auf der Erde
wäre eckig oder rund.
Wo man hinschaut, nur das Gleiche:
Ob das nicht langweilig wär?
Und wär noch so voll die Erde,

wär sie irgendwie doch leer.
Und jetzt stell dir vor,
wir Menschen
wären plötzlich gleich sogar,
einer gleicht genau dem andern
bis aufs allerletzte Haar.
Hätten Haar-, Haut-, Augenfarbe
alle gleich: blauäugig, blond,
jeder hätt' dieselbe Stimme,
wo er auf der Welt auch wohnt.
Alle Menschen dieser Erde,
wo man hinschaut weit und breit,
würden nur dasselbe denken,
trügen nur dasselbe Kleid,
kochten nur dieselbe Speise,
sagen wir einmal Spinat,
sängen stets dasselbe Lied nur,
sag mal, wäre das nicht fad?
Gott sei Dank, daß wir verschieden,
ja, sehr unterschiedlich sind,
denn so ist was ganz Besondres
jeder schon als kleines Kind.
Darum hoff' ich, daß du niemals
etwas Wichtiges vergißt:
Du bist für mich einzigartig,
weil du so bist, wie du bist.
Freu dich, denn die Welt ist farbig!
Gott erschuf die Erde bunt,
wollte, daß ein jeder anders
ist, und aus dem Grund:
Sei zu andern nett,
auch wenn du
anders als der andre bist,
weil der eine wie der andre
doch vor Gott der Gleiche ist.

Gerade die Vielfalt der Meinungen macht unsere Freiheit aus. „Man liebt nicht die Freiheit", sagt Siegmund Graff, „wenn man nicht den Widerspruch liebt".

2. Wege zu den Werten

2.1. Positionen

Ein elementares Recht des Menschen, und vor allem der Kinder, ist das Recht auf Glück und Freude. Doch so widersinnig das klingen mag: Freude ist keinesfalls etwas, was sich „leicht und locker" erhalten läßt; auch Freude muß gelernt sein. Ich scheue mich deshalb nicht, im Zusammenhang mit unserem Thema von der „Erziehung zur Freude" zu sprechen.

Zunächst werfen wir einmal einen Blick zurück auf die pädagogischen Experimentierfelder der siebziger Jahre. Den Begriff „Freude" fand man damals kaum; es war wesentlich mehr von Aggressionen und Frustrationen die Rede, und die Bewältigung und Verarbeitung derartiger psychischer „Defekte" beanspruchte auch in der Literatur deutlich mehr Raum als das „Gesunde", das mit dem „Heile-Welt-Stempel" abgetan und abgelegt wurde. Hand in Hand damit ging die sogenannte Versachlichung, die den Menschen weitgehend ausklammerte. Auf der einen Seite wurde er lediglich in seiner gesellschaftlichen Funktion gesehen, beziehungsweise auf sie reduziert, auf der anderer Seite vergaß man vor lauter Sachlichkeit eines der wichtigsten Gefühle im Leben des Menschen, nämlich die Freude. Schon Jahrzehnte zuvor hatte Erich Kästner diese Einstellung mit den folgenden Sätzen umschrieben: „Mit der Sonnenseite des Lebens hat man sich wenig beschäftigt. Der Dünkel der Denker bevorzugte stets das Dunkel, denn nur im Dunkeln sah man ihr kleines Licht leuchten."

Doch weg von diesem „dunklen Zeitalter" der Erziehung! Wenden wir uns der Frage zu, was Freude ist. Gewiß nicht nur irgendeine Grundstimmung, die im Menschen wesensmäßig angelegt ist. Sie ist als eine Grundhaltung zu bezeichnen, die es zu bewahren und weiter auszubilden gilt, die als Motor unseres Lebens aufstachelt, besinnlich und nachdenklich macht, die Begeisterungsfähigkeit ermöglicht und Dankbarkeit voraussetzt. Sie ist in so vielfältigen Formen differenziert, daß man sie nur schwer beschreiben und noch weniger gedanklich nachvollziehen kann, wenn man sie nicht selbst erlebt hat. Sie erstreckt sich vom leisen Lächeln, vom Schmunzeln über das laut schallende Gelächter, über die Freudensprünge bis hin zu den Freudentränen.

Freude ist ein Wirkwort wie Liebe, Wohlwollen, Vertrauen. Sie ergießt sich in jeden, der dieses Wort auf sich wirken läßt, mit einer Vielzahl von Eindrücken, Bildern und Erfahrungen. Die Freude ist nicht inhaltsleer, sondern strotzt von Erinnerungen und dem Bedürfnis, dieses behagliche, wohltuende, glückselig stimmende, ausgleichende und zufriedenstellende Selbstwertgefühl erneut zu erlangen.

Der Mensch ist, wie Pascal sagt, „für die Freude geboren." Darum müssen wir uns immer wieder um sie bemühen. Wir brauchen deshalb nicht kritiklos die Augen vor irgendwelchen Mängeln in und um uns zu verschließen, müssen uns aber bewußt sein, daß wir Mängel nur überwinden können, wenn wir uns des Treibstoffes und Lebenselexiers Freude bedienen. Dazu ist es notwendig, die Dinge nicht einseitig zu sehen, sondern den rechten Blickwinkel zu finden, beziehungsweise auch ein wenig hinter sie und darüber hinauszuschauen, mehr zu sehen. Es ist wichtig, immer wieder die erfreulichen Seiten des Lebens zu verdeutlichen, die Augen und Ohren zu schärfen für das Schöne und Gute, das es auch in einer manchmal unheil erscheinenden Welt immer wieder zu entdecken gibt.

Betrachten wir das Leben als ein Geschenk, als das größte aller Wunder, so ist, wie Wallhof sagt, „Freude das erhebende und befreiende Gefühl, mit dem der Mensch seinen Selbstwert erlebt". Und Ulrich Hommes meint: „Man muß an das Leben auch glauben wollen, um es Tag für Tag neu zu empfangen und voll Zuversicht schließlich selbst weiterzugeben."

Grund zur Freude

Ich, du, er, ihr und wir,
niemand kann etwas dafür,
daß uns einst das Leben
als Geschenk wurde gegeben.

Denk bloß einmal dran:
Hätt' nicht irgendwann
der Großvater dort
genau an dem Ort
die Oma gesehn,
was wäre geschehn?

Es würd' keins von uns geben,
niemand wäre am Leben.
Und uns allen ist klar,
daß wir um ein Haar,
meine Damen und Herrn,
auf der Welt gar nicht wärn.

Daß es jetzt aber dich,
euch, uns und auch mich
trotzdem gibt, diese Freud,
ja, die feiern wir heut!

Lied des Lebens

Sing mit mir das Lied des Lebens,
sing es mit frohem Mut.
Nichts, was lebt, lebt nur vergebens.
Leben, das ist ein Gut.
Stimmt ins Lied mit ein, ihr Leute.
Leben ist ein Geschenk.
Leben, das ist ein Grund zur Freude,
gib, daß ich dran denk.

Denke an das kleine Körnchen,
das der Bauer sät,
und betrachte jene Ähre,
die aus ihm entsteht.

Sieh das Wunder, das der Pflanze,
Tier, Mensch eingesenkt,
daß das Leben neues Leben
immer weiterschenkt.

Schau das winzig kleine Wesen
in der Mutter dein,
bald wird es das Licht erblicken,
Kind und Mutter sein.

Leben ist Geschenk, ist Gabe,
Leben ist es wert,
daß man für es Sorge trage
und es nicht zerstört.

Schau den kahlen Zweig im Winter,
scheinbar ohne Saft,
doch bald wird er wieder blühen
durch des Lebens Kraft.

Glaub' ans Gute, glaub' ans Leben,
glaub', daß nichts vergeht
und am Ende neuer Anfang,
neues Leben steht.

Stellen wir uns jetzt die Frage, welche Inhalte und vor allem welchen Zweck die „Erziehung zur Freude" haben könnte.

Nun, vor allem das Letztgenannte dürfte einfach zu beantworten sein. Die kindliche Freude, die unverkrampfte Heiterkeit, die Momente des reinsten Glücks – sie sind eine Quelle, aus der der Heranwachsende noch lange trinken wird. Der Umgang mit dem Glück wird ihn stärker machen für das Unglück und wird ihm auch in bitteren Stunden noch Augenblicke der heiteren Erinnerung schenken. Nur wer als Kind gelernt hat, sich zu freuen, wird später die eigenen Erfolge feiern und die der anderen neidlos anerkennen können. Das Wissen um die Freude ist beinahe ebenso viel wert, wie die Freude selbst. Die Erinnerung an sie läßt uns jahrelang lächeln und ein bißchen über den Dingen stehen, und nur wer sich ihrer wirklich erinnert, wird von einer glücklichen Kindheit sprechen. Freude führt zu einem Fest des Lebens.

Und welche Inhalte sollte die „Erziehung zur Freude" haben? Meines Erachtens gibt es hier zwei Hauptaspekte: Freude ist ein Geschenk, Freude ist eine Aufgabe.

Bei dem Stichwort „Geschenk" erinnern wir uns daran, daß Freude zumeist eine glückhafte Überraschung ist und daran, wie ein plötzlich aufleuchtendes Licht in unseren Alltag scheint. Wir können uns über einen unerwarteten Besuch freuen, über eine kleine Aufmerksamkeit oder aber über einen leuchtenden Regenbogen: Die Motive sind häufig ebenso unerwartet wie das Resultat. Die Erfahrung beweist uns, daß es nicht auf die Größe, Bedeutsamkeit oder gar auf den ökonomischen Wert der Gabe oder des Ereignisses ankommt. Ausschlaggebend sind Dinge wie der „richtige Ton", die „innere Haltung“, die „Gesinnung“ oder die „Herzlichkeit“ unseres Gegenübers. Aber auch die „Schönheit“ oder „Reinheit“ eines Kunstwerkes oder eines Naturereignisses vermögen uns Momente der Freude zu bescheren – wir sind nicht unbedingt auf begleitende Menschen angewiesen. Alle bisher aufgezählten „Freudenbringer“ haben eines gemeinsam: Sie schöpfen aus dem Moment und dem freudvollen Augenblick. Das folgende Gedicht möchte Ihnen noch einige weitere Möglichkeiten des kleinen Glückes aufzeigen:

Das kleine Glück

Wenn es das überhaupt gibt hier herüben,
dann ist, was man Glück nennt, oft ziemlich verschieden.
Eine teure Kette vom Juwelier,
eine kleine Brotzeit und dazu ein Schluck Bier,
die Sonne, die scheint, wenn die Wolke wegzieht,
ein lieber Freund, den man mal wieder sieht,
ein warmer Ofen, wenn der Regen arg prasselt,
noch im Bett bleiben dürfen, wenn der Wecker schon
rasselt,
ein schattiger Baum, wenn die Sonne heiß brennt,
ein spannender Krimi, wo man den Mörder nicht kennt,
den Schuh ausziehen können, wenn er recht drückt,
sich kratzen dürfen, wenn's mal juckt oder zwickt,
eine nette Gesellschaft, in der man froh lacht,
ein Baum, der blüht, eine sternklare Nacht,
mit jemand, den man gern hat, auf der Anlagbank sitzen,
sich ausruhen dürfen von der Arbeit, vom Schwitzen,
ein Schluck aus der Quelle, der uns erfrischt,
ein Zug, den man grad' noch vor der Abfahrt erwischt,
die strahlenden Augen von einem Kind,
und wenn dein Verein hoch im Fußball gewinnt.
Das alles ist von dem ganz großen Glück,
das man nie voll besitzt, nur ein ganz kleines Stück.

Doch kann Freude auch ein lange andauernder Prozeß sein, der sich dann allerdings häufig von Begriffen wie „innere Befriedigung“ oder „Bestätigung“ nicht mehr exakt trennen läßt. So können wir uns an der Tugend, der Treue und an der Freundschaft eines anderen ebenso erfreuen wie an der eigenen Bereitschaft oder der eines anderen, Verantwortung zu übernehmen. Freude hat auch damit zu tun, welches Verhältnis wir zur Zeit haben: Nur wenn wir die Gegenwart zu ihrem Recht kommen lassen, nicht ständig in den Fehlern der Vergangenheit wühlen oder die Ängste der Zukunft heraufbeschwören, werden wir die „Freude am Leben“ spüren. Ein altes Chanson hat dafür schon vor dreißig Jahren die richtigen Worte gefunden:

Im Wartesaal zum großen Glück,
da warten viele, viele Leute,
warten seit gestern auf das Glück von morgen
und leben mit den Wünschen von übermorgen.
Und vergessen: Es ist ja noch heute!
Ach, die armen, armen Leute!

Das Schönste an der Freude ist, daß sie uns wie ein unverdientes Geschenk zufallen kann, wir sie aber auch herbeirufen, wecken und damit zum Aufleuchten bringen können. Und damit wäre, wie Seneca es formulierte, die Freude sogar eine „ernste Sache“.

Gerade im erzieherischen Bereich sollten wir nicht einfach frohe Laune und guten Mut erwarten, sondern versuchen, die Dinge aufzuspüren, die Anlaß zur Freude sein könnten. Da wäre zum einen die Freude am eigenen Ich, denn wenn die Bibel sagt: „Du sollst Deinen Nächsten lieben, wie Dich selbst“, so ist die „Eigenliebe“ darin eingeschlossen und bedeutsam. Womit wir mitten im zweiten Aspekt der Freude wären: Sie ist für den Erziehenden durchaus eine Aufgabe. Es gilt von Beginn an, die Stärken und Fähigkeiten der Kinder zu erkennen und nach Kräften zu fördern, ohne sie dabei allerdings zu früh unter Leistungsdruck zu setzen. Lesen, Spielen, Sport und Musizieren – dies sind nur einige Bereiche, in denen Aktivität und Erkennen der eigenen Fähigkeiten Momente der Freude geradezu provozieren.

Mindestens ebenso wichtig wie die persönlichen Glücksmomente ist die Freude, die sich in der Mitmenschlichkeit ausdrückt. Nicht umsonst gibt es das schöne Sprichwort „Geteilte Freude ist doppelte Freude". Und auch wenn Ihr Kind, sollte es nur eine halbe Tafel Schokolade bekommen, an der Wahrheit dieses Wortes Zweifel hegt, sollten Sie diesen Erziehungsweg nicht verlassen. Denn abgesehen von der ansteckenden Begeisterung über gemeinsame Erfolge ist die Anerkennung für die Zuwendung zum anderen etwas, das niemandem versagt bleiben darf. Frieden stiften zwischen Streithähnen, die Bedürftigen unterstützen und den Schwachen beistehen – ganz ohne Pathos möchte ich auf die innere Befriedigung verweisen, die mit diesem Einsatz für den Mitmenschen einhergeht.

Die beiden bislang beschriebenen Wege zur Freude, die Begeisterung am eigenen Ich und die Mitmenschlichkeit, haben eines gemeinsam: Sie sind zumindest teilweise abhängig davon, ob unsere Umwelt, ob unsere Mitmenschen entsprechend mitspielen, sich entsprechend verhalten.

Doch gibt es auch die davon nahezu unabhängige, die geplante, die „vorsätzliche" Freude. Die Psychologen benennen diese Freude aufgrund psychischer Steuerung mit dem Fachbegriff „determinierende Tendenzen". Das besagt: Durch bestimmte Aufgaben, Ziele und Motivationen werden in einer Langzeitwirkung gewisse Vorstellungen, Wahrnehmungen und Handlungen besonders begünstigt. Alles klar? Nein? Nun, man kann das Ganze auch einfacher ausdrücken: Ich nehme mir mit guten Gründen und sehr bewußt vor, in einem von mir selbst bestimmten Zeitraum, bei allem, was mir begegnet und was mich betreffen könnte, vor allem das Gute, das Angenehme und Erfreuliche zu registrieren. Damit gestalte ich meine gesamte Erlebniswelt heller, froher und freundlicher. Kann das funktionieren? Und wie das funktioniert, wenn man es konsequent betreibt! Auch langfristige Freude läßt sich nämlich durchaus erlernen. Vergnügen, Heiterkeit oder Lust kann man vorausplanend erlangen.

Unsere Aufgabe als Erzieher muß es demzufolge sein, Lebensinhalte zu finden, die den Kindern und Jugendlichen Freude bereiten, die humorvoll oder kreativitätsfördernd sind. Dies gilt für die Lehrer ebenso wie für die Eltern. Damit steht natürlich auch wieder die Forderung im Raum, dem Originellen und Individuellen mehr Raum zu verschaffen. Um so wichtiger also, daß Eltern Möglichkeiten zur Entfaltung und Originalität bieten und Hilfestellung leisten auf dem Weg, die Chancen zur Freude zu erkennen.

Glauben Sie immer noch, Freude sei nicht planbar oder kalkulierbar? Sicherlich nicht von ganz kleinen Kindern, doch schon den Teenager sollten wir mit der Fähigkeit ausgerüstet haben, die heiteren und erfreulichen Perspektiven des Lebens zu erkennen. Gefragt ist keine naive Lustigkeit – obwohl auch diese ihren Platz im jungen Leben hat –, sondern die Fähigkeit, das Gute, Positive und „Erfreuliche" im Alltag zu erkennen. Zu dieser Art des Denkens und Fühlens läßt man sich in der Regel am ehesten ermutigen, wenn man vom Sinn des Lebens überzeugt ist. Dazu gehören eine ungezwungene Offenheit gegenüber der Mit- und Umwelt, die Bejahung alles Geschaffenen und damit auch – gleichgültig, ob bewußt oder unbewußt – der vertrauende Glaube zu dem, der die Welt erschaffen hat.

Zum Abschluß meines Plädoyers für die „bewußte Freude" komme ich noch einmal zu der Frage zurück, inwieweit Freude in unserem Alltag überhaupt ihren Platz hat, inwieweit sie überhaupt berechtigt ist. Ist das Leben nicht schrecklich grau geworden, drücken uns nicht Sorgen, Nöte und Ängste Tag für Tag wie ein schrecklicher Alptraum? Immer noch toben Kriege um den Erdball, Hunger und Seuchen halten schreckliche Ernte und die Umweltverschmutzung nimmt immer bedrohlichere Ausmaße an. Genügend Gründe also zur Sorge – nur wenig Grund zur Freude? Ich meine, es ist dennoch sinnvoll und gewinnbringend, das Leben in erster Linie als lebenswert zu betrachten, immer wieder neu zu entdecken und einen Sinn darin zu finden. Und in dieser Haltung, die sich auch in der Erziehung ausdrücken sollte, hat die „Freude am Leben" ihren festen, unverzichtbaren Platz. Ein Erzieher mit Herz und Humor sollte sich der alten Weisheit bewußt werden, daß Freude bekanntlich ansteckend wirkt. In diesem Sinne: Infizieren Sie nach Kräften!

Ansteckungsgefahr

Mit deiner Laune, denke dran,
steckst du die andern Leute an,
denn gern wirft einen frohen Blick
man seinem „Werfer" gleich zurück.
Mit schlechter Laune allemal
verhält's sich so im andern Fall.
Weshalb ich, weil ich's weiß genau,
früh selten in den Spiegel schau.

Und damit Sie bei Ihren Bemühungen das rechte Maß finden, darf ich Ihnen noch ein kleines Zitat des britischen Autors Gilbert Keith Chesterton anbieten: „Gott hat Humor, sonst hätte er den Menschen nicht erschaffen."

2.2. Fundamente

Ein kluger Spruch sagt, daß es besser ist, eine Kerze anzuzünden, als über die Dunkelheit zu schimpfen. Eine ähnliche Weisheit gibt zu bedenken, daß es sinnvoller ist, seinem Nachbarn eine kleine Freundlichkeit zu erweisen, als ständig die gesamte Menschheit retten zu wollen. So weit, so gut. Wer würde sich nicht gerne als hilfsbereit und freundlich loben lassen? Würden wir eine Umfrage starten, wie viele Menschen sich selbst im Zweifelsfall für hilfsbereit halten, bekämen wir wahrscheinlich traumhafte Prozentzahlen. Doch die Realität sieht leider ein wenig anders aus, denn vom Vorsatz bis zur Ausführung ist es bekanntlich ein langer Weg, der mit jeder Menge bürokratischer Hindernisse und Verordnungen gespickt und gepflastert sein kann. Schon der „barmherzige Samariter" im fundamentalen Gleichnis des Neuen Testamentes wandte sich gegen einige Verordnungen und Regelungen, die die selbstverständliche Hilfestellung zur Unmöglichkeit degradierten. In großartiger Weise zeigt uns die Bibel, wann und wie es angebracht ist, sich über Formalien hinwegzusetzen, daß man eben da hinlangen muß, wo es notwendig ist, und daß man dann zur Tat schreiten soll, wenn man vom Nächsten gebraucht wird. Doch seit den Zeiten des „barmherzigen Samariters" sind bekanntlich bald zweitausend Jahre verstrichen, und diese lange Zeit brachte keinesfalls eine Wende zum Besseren. Immer noch dominieren in der Frage der alltäglichen Hilfestellung für diejenigen, die unsere Hilfe am allernötigsten haben, die Worte „müßte" und „sollte". Und da unserer Wortschatz mittlerweile größer geworden ist – und damit auch unser Vorrat an Ausreden –, denken wir zunächst einmal über das nach, worüber man nachdenken müßte, um uns dann zu fragen, ob es nicht vielleicht besser wäre, eine Kommission zu gründen, die das Nachdenken koordiniert.

Ich helfe

Ich müßte helfen.
Man müßte helfen.
Man müßte nachdenken,
wie man helfen könnte.
Man müßte diskutieren,
wie man über das Helfen nachdenken könnte.
Man müßte ein Gremium einberufen,
in dem man diskutiert,
wie man über das Helfen nachdenken kann.
Man müßte einen Termin
für eine Tagung anberaumen,
wo man sich klar wird,
welche Leute in das Gremium kommen sollen,
die diskutieren,
wie man über das Helfen
nachdenken könnte.

Nein, wir sind noch immer keine „Profis" im Helfen geworden, und wenn es je eine moralische Verpflichtung der Älteren gegeben hat, dann die, es den Kindern besser beizubringen, als man es womöglich selbst gelernt hat: das Helfen.

Laßt uns neue Brücken bauen,
hier in dieser Welt,
laßt uns nach den Andern schauen,
da sein, wenn's wo fehlt.

Viele Menschen sind einsam,
haben keinen Freund,
leben ohne jede Sonne,
die so oft uns scheint.

Laßt uns etwas weitergeben
von dem hellen Schein,
Licht in manches Dunkel bringen,
gut zum andern sein.

Wieviel redet man vom Frieden,
aber was geschieht?
Krieg und Streit, wohin wir blicken,
stets das alte Lied.

Damit es nicht nur bleibt beim Reden,
kümmern wir uns drum,
schaun wir uns in unserer Nähe
nach dem Nächsten um.

Laßt uns neue Brücken bauen
hier in dieser Welt,
laßt uns nach dem Andern schauen,
da sein, wenn's wo fehlt.

Ein lyrischer Ausflug, der auch und gerade für Kinder gedacht ist, denn von Anfang an sollten Sie in der Erziehung Wert darauf legen, keine billigen Entschuldigungen zu fördern. Eine der am häufigsten gehörten ist die Überlegung, daß man mit der augenblicklichen Hilfestellung, der momentanen guten Tat ja doch nicht sehr viel verändere. Man beruhige lediglich für den Augenblick sein Gewissen und verschleiere die Tatsache, daß sich das größere Ganze dadurch eben nicht zum Besseren wandeln würde. Der Augsburger Dichter Bertolt Brecht schilderte in einer seiner Erzählungen, wie er einen New Yorker Obdachlosen für einen Abend und eine Nacht bei sich aufgenommen hatte, ihn bewirtete und pflegte und sich anschließend die Frage stellte: Wozu? Der Obdachlose werde schließlich am nächsten Tag wieder in den Straßen der Millionenstadt mittellos umherirren und dem riesigen Heer der Obdachlosen sei damit wohl schon gar nicht geholfen worden. Das Übel wurde nicht an der Wurzel gepackt oder gar bekämpft. Also – wozu? Brecht hat die Antwort glücklicherweise gleich mitgeliefert: „Für einige Stunden konnten Wind und Wetter, Hunger und Durst diesem Menschen nichts anhaben, und diese paar Stunden sind auch Leben, vielleicht sogar *das* Leben dieses Mannes." Das Beispiel ließe sich beliebig erweitern, doch Sie erkennen jetzt schon den Grundgedanken, der kurz so lautet. „Ja, die Nächstenliebe wäre gar nicht so schwer, wenn der Nächste nicht gar so nah bei uns wär."

Natürlich haben Sie stets recht, wenn Sie auf die fehlende Effizienz oder auf die mangelnde Nützlichkeit im Einzelfall verweisen. Doch manchmal sind Sie moralisch dazu verpflichtet, Ihr Gefühl entscheiden zu lassen und der kühlen Logik einmal nicht den ersten Platz einzuräumen. So unsinnig Ihnen die Geste zunächst auch erscheinen mag: Der Nächste wird es Ihnen danken.

Wie grau doch alle Theorie ist, wie unmittelbar sich praktizierte Nächstenliebe äußern soll, kann und darf, will das folgende Gedicht zum Ausdruck bringen.

Es kommt auf mich an

Das erste gute Wort zu finden,
ein Licht im Dunkeln anzuzünden,
ein bißchen lächeln, freundlich schauen,
dem Leben wieder zu vertrauen.

Mit offnen Augen rumzugehen,
das viele Gute, Schöne sehen,
Wald, Wiese, See, Natur zu achten
und nicht als Müllplatz zu betrachten.

Nicht nur ans eigene Wohl zu denken,
dem anderen Geduld zu schenken.
Wenn was nicht recht ist, sich zu rühren
und sich für Gutes engagieren.

Es kommt auf mich an,
es kommt auf dich an,
damit die Erde
noch besser werde.

Es kommt auf mich an,
es kommt auf dich an,
daß wir durch unser Leben
ein gutes Beispiel geben.

In der Tat kommt es auf Sie an und auch auf mich. Es kommt auf jeden an. Der Nächste sind Sie und ich. Ihren Kindern sollten Sie vermitteln, daß nur derjenige Hilfe finden wird, der selbst hilfsbereit ist und nicht alles am Gewinn orientiert. Nächstenliebe kann sich im Einsatz für Schwächere ebenso äußern wie im gewaltlosen Kampf für eine lebenswerte Umwelt. Die Liebe zum Nächsten kennt keine Grenzen oder Schranken, macht nicht Halt vor Rasse, Nation, Religion oder Geschlecht. Sie reagiert auf Bedürftigkeit und Not auch ohne die Instanz der reinen Vernunft. In der Fähigkeit, unseren Nächsten als solchen zu erkennen, auch wenn er ganz anders ist als wir selbst, liegen die Wurzeln unserer Menschlichkeit.

2.3. Haltungen

Ohne es an dieser Stelle ausführlich diskutieren oder beklagen zu wollen, läßt sich doch sagen, daß unsere Gesellschaft in vielen Bereichen zu einer Konsum- und Wegwerfgesellschaft geworden ist. Die tägliche Reizüberflutung bewirkt, daß wir uns immer weniger auf das Einzelne konzentrieren, und daß durch die Vielzahl von Fremdeindrücken das persönliche Erleben immer mehr in den Hintergrund gedrängt wird.

So kann es durchaus sein, daß wir die Hauptdarsteller einer Fernsehserie besser kennen und verstehen als unsere eigenen Nachbarn, und daß wir uns in den verwinkelten Gassen eines fiktiven Fernsehdorfes besser auskennen als in der eigenen Umgebung. Für unsere Kinder gibt es immer seltener den Teddy-Bären oder die Puppe – in der Vielzahl der Plüschtiere und Barbies ist alles austauschbar und ersetzbar.

Ein anderer Aspekt dieser Entpersonalisierung ist die Flut der Nachrichten, die via Bildschirm, Lautsprecher und Papier täglich auf uns einstürzt. Sicherlich ist es gut und angebracht, von weltweiten Verflechtungen und Gefahren unterrichtet zu werden, doch wird es dann zum Nachteil, wenn wir die Probleme, Nöte und Sorgen vor unserer eigenen Tür nicht mehr erkennen können. Vor der Problematik der „großen, weiten Welt" werden die kleinen, lösbaren Aufgaben immer unbedeutender, und in Verbindung mit der ständig fehlenden Zeit und den immer volleren Terminkalendern breitet sich Resignation aus: „Was kann ich überhaupt ändern, was kann ich denn schon tun?" Um gegen diese Resignation und ihre Folgen vorzugehen, bedarf es zunächst einmal des Hinweises auf die eigene Verantwortlichkeit.

In den letzten Jahren mußte die Gesellschaft für alle möglichen Entschuldigungen herhalten. Unsere Gesellschaft hat zwar Mängel und es ist durchaus sinnvoll, daß man zur Beurteilung eines Menschen auch seine gesellschaftliche Situation, sein Milieu berücksichtigt. Gefährlich wird es aber, wenn man jede persönliche Verantwortung leugnet und alles auf das große Anonymum Gesellschaft schiebt. Der einzelne Mensch handelt zwar gesellschaftsbedingt, bei einer genauen Untersuchung gelangt man aber zu der Erkenntnis, daß die Gesellschaft wiederum vom einzelnen Menschen bedingt ist. Der schöne Spruch: „Der Mensch ist gut, aber die Leut' sind halt schlecht“ sollte nicht dazu verleiten, von der persönlichen Verantwortung für sich und die Mitwelt abzusehen. Roberto Rosselini sagt dazu: „Der Mensch lebt meistens mit sich allein und sollte deshalb Wert auf gute Gesellschaft legen.“

Eine ideale Gesellschaft hat es wahrscheinlich noch nie gegeben, gibt es nicht und wird es auch nie geben. Aber, man kann sie sich etwas vernünftiger und menschlicher vorstellen als die bestehende. Dafür sollten sich die Menschen einsetzen. Es genügt aber nicht, Großartiges über die Veränderung der Gesellschaft zu äußern. Das Wort Veränderung besagt im Grunde recht wenig, denn eine Verschlechterung ist ebenfalls eine Veränderung. Wer etwas verbessern will, muß sich zunächst Gedanken darüber machen, was er selbst für gut hält. „Es gibt aber“, um mit Erich Kästner zu sprechen, „nichts Gutes, außer man tut es“. Aus diesem Grund sollte sich ein Gesellschaftsverbesserer überlegen, was er persönlich dazu beitragen kann, daß seine Absicht nicht graue Theorie bleibt. Man sollte sich die Ziele auch nicht zu hoch stecken, damit nicht Gustav Knuth Recht behält, der sagt: „Weltverbesserer sind Leute, die sofort das ganze Haus einreißen, wenn eine Tür quietscht.“ Vor das Meisterstück der Gesellschaftsverbesserung sollte man vielleicht das Gesellenstück der Selbstverbesserung stellen. Bevor man über Gesellschaft, Welt und Umwelt jammert, sollte man sich lieber an die Worte von Gabriel Marcel halten: „Es gibt immer ein Stückchen Welt, das man verbessern kann – sich selbst.“

Es sind ja keine anonymen Übermenschen, die die Welt im Griff haben, sondern wir alle haben für ihr und unser Wohlergehen Sorge zu tragen. Mit anderen Worten: Ich muß dem Kind und dem Jugendlichen aufzeigen, wann, wo, für wen und für was der Mensch Verantwortung übernehmen kann und soll, und um dies zu erreichen, sollten wir die Dinge in einer anonym gewordenen Welt wieder beim Namen nennen.

Ein Beispiel, das uns nachdenklich stimmen sollte: Vor einiger Zeit hatten sich drei Wale ins Eismeer verirrt und es bestand die Gefahr, daß sie zwischen den Packeisschollen nicht mehr auftauchen könnten und dadurch ersticken würden. Für einige Tage waren diese Giganten der Meere, denen man zwischenzeitlich sogar Kosenamen angehängt hatte, in allen Schlagzeilen und Nachrichtensendungen zu finden, und tatsächlich gelang es, zwei von ihnen in einer völker- und nationenübergreifenden Aktion zu retten. Großartig, oder? Nicht ganz so großartig, wenn man bedenkt, daß jahrelang ganze Herden dieser Wale und anderer bedrohter Tierarten sinnlos abgeschlachtet wurden, und erst als drei von ihnen in dramatischer Weise bedroht und mit Namen bedacht wurden, genossen sie unseren Schutz und unser Mitgefühl.

Ich glaube, daß das Beispiel dieser drei Wale uns lehrt, wie der „Verantwortlichkeitsmechanismus“ des Menschen funktioniert. Der Mensch muß zunächst aus einer anonymen Masse jemanden kennenlernen, ihm möglichst einen Namen geben und dadurch mit ihm fühlen können.

So bin ich der festen Überzeugung, daß es eine grundlegende Aufgabe der Erziehung ist, dem Kind die Namen der Dinge und Personen zu nennen: „Das ist deine Tante Ingrid, das ist eine Blume und das hier ist ein Teddy-Bär. Dem sollst du nun selbst einen Namen geben!“ Wir vermitteln dem Kind damit die Erkenntnis, daß dieser Bär einzig und einzigartig ist, weil er einen Namen führt. Es gibt jetzt einen Bären „Brummi“, für den derjenige verantwortlich und zuständig ist, der ihm seinen Namen gegeben, der ihn „getauft“ hat.

Sie meinen, das sei doch selbstverständlich. Ich glaube, daß es heute gar nicht mehr so leicht ist, die Dinge zu benennen und damit einen Bezug zu ihnen aufzubauen. Wir leben in einer Zeit der Abkürzungen und Formeln. Sich in diesem Rahmen verantwortlich zu fühlen, ist schwierig: Kann das Verhältnis zu Zahlen und Buchstabenkombinationen ein persönliches sein? Sich beispielsweise für ein gewisses „H_2O" verantwortlich zu fühlen, dürfte dem Kind schwer fallen. Doch „Wasser" – damit sieht es schon ganz anders aus, denn Wasser ist Leben und Lebensraum. Wir brauchen es, die Fische und die Frösche brauchen es, und spätestens, wenn wir auch diesen Tieren Namen gegeben haben, fällt es Kindern nicht mehr schwer, die Bedeutung und die Schutzbedürftigkeit des Wassers zu erkennen.

Wasser

Neulich las ich irgendwo
eine Formel: H_2O.
Paß gut auf und denke nach,
H_2O ist Quelle, Bach,
es ist Fluß, Strom, See und Meer,
trägt die Schiffe kreuz und quer,
es ist Nebel, Wolkengrau,
es ist Regen, Morgentau,
rinnt, strömt, sprudelt, tropft und fließt,
rieselt, plätschert, rauscht und gießt,
brodelt, brandet, wogt und zischt,
reinigt, löscht den Durst, erfrischt.
Mehr wert ist's als Gold und Geld,
ohne es wär's schlecht bestellt.
Es gibt Leben Pflanz' und Tier,
ohne Wasser könnten wir
nicht einmal drei Tage leben:
Es ist Lebenssaft, ist Segen.

Sicher hast du schon entdeckt,
was in dieser Formel steckt,
die so trocken es benennt,
dieses nasse Element.

Sie sehen: Es gibt genügend Möglichkeiten, auch abstrakte oder unbekannte Dinge zu beschreiben, und Sie müssen beileibe nicht unbedingt zu lyrischen Methoden greifen. Geben wir den Dingen Namen und fordern wir unsere Kinder auf, für sie Verantwortung zu übernehmen. Dann lehren wir sie auf diese Art, helfen ihnen damit, sich in einer verwirrenden Welt Vertrautes und damit Freunde zu schaffen.

„Freundschaft“ – ein Begriff, der für uns niemals an Bedeutung verlieren wird, obwohl es für viele Menschen immer schwieriger wird, Bindungen einzugehen.

Wie Ihr Kind sich Gegenstände und Tiere zu Freunden machen kann, habe ich bereits gesagt. Doch dabei soll es natürlich nicht bleiben: Zum besten Freund wählt sich der Mensch doch meist den Menschen. Um unseren Kindern eine Orientierung anbieten zu können, was sie von echter Freundschaft erwarten dürfen, sollten wir uns selbst Rechenschaft darüber ablegen, was einen Freund eigentlich ausmacht. „Freund ist einer, vor dem ich laut denken darf“, sagt Emerson und nimmt damit Bezug auf die Ehrlichkeit. Ein Freund kann Ihnen unbequeme Dinge ins Gesicht sagen, tuschelt nicht hinter Ihrem Rücken und erwartet dieselbe Aufrichtigkeit von Ihnen. Zur Freundschaft gehört sicherlich auch, daß man einander in Ruhe zuhört, daß man sich ausspricht und auch ohne viele Worte versteht. „Es gibt kaum etwas besseres, als mit einem guten Freund über ein interessantes Thema zu schweigen“, sagte der englische Schauspieler Sir Alec Guiness.

Ein ganz besonderes Merkmal der Freundschaft ist die Treue, die sich in den Momenten erweist, in denen ein Freund am nötigsten gebraucht wird. Der vielzitierte

„Freund in der Not“ ist vielleicht nicht unbedingt der wichtigste – die stille Gewissheit aber, ihn zu haben, ist beinahe unersetzlich.

Freundschaft ist also etwas Überdauerndes, etwas Anhaltendes: Die französische Filmschauspielerin Brigitte Bardot, heute eine sehr engagierte Tierschützerin, meinte einmal etwas frivol: „Ich wechsle meine Ehemänner, aber nicht meine Feunde.“

Ich brauch' dich

Wie ein Auto das Benzin,
wie der Kranke Medizin,
wie die Fliege ihre Flügel,
seine Stachel braucht der Igel,
wie vier Wände braucht die Stube,
wie die Zahnpasta die Tube,
wie ein Schiff braucht einen See,
wie der Skifahrer den Schnee,
wie der Drache braucht den Wind,
wie ein Spielzeug braucht das Kind,
wie der Fußballer den Ball,
wie der Ochse einen Stall,
genauso, glaub mir, brauch ich dich,
denn ohne dich bin ich nicht ich.
Das wollt ich eigentlich seit Tagen
dir endlich wieder einmal sagen.
Ich sage danke dafür heut,
daß du für mich hast immer Zeit,
und ein Vergelt's Gott auch dafür,
daß ich dann kommen darf zu dir,
wenn mir was recht am Herzen liegt.
Ich find' es schön, daß es dich gibt.
Was wäre ich bloß ohne dich?
Durch dich bin ich erst richtig ich.

Komm, laß uns weiter Freunde sein.
Ich brauche dich, bin sonst allein.

Ein Freund

Jemand, der da ist, geht's dir einmal nicht gut,
und der, was er kann, für dich dann auch tut,
der Zeit für dich hat, viel Zeit jederzeit,
und der zu dir steht in Freud und Leid,
der gern mit dir froh ist, der gern mit dir lacht,
der Spaß versteht und Gaudi mitmacht.
Und selbst, wenn alles um dich herum fällt,
nicht ausläßt und jetzt erst recht zu dir hält,
jemand, der da ist, wie es auch steht,
durch dick und durch dünn für dich immer geht,
ein Mensch, auf den man totsicher baut,
vor dem man denken darf, sogar laut.
Wenn du so irgend jemand kennst, paß auf immerdar,
denn das ist ein Freund, und Freunde sind rar.
Freunde kannst du nicht kaufen für noch so viel Geld,
einem Freund mußt du suchen wie nichts auf der Welt.

Was ein Freund ist oder war, erkennt man im Leben leider meist erst dann, wenn man Abschied nehmen muß. Manchmal allerdings brechen Freundschaften auch vor ihrem „natürlichen Ende", und da kann es dann passieren, daß man einen Freund verliert oder daß man merkt, wie wenig „echt" diese Freundschaft letztendlich doch war. Oft geschieht dieser Bruch einer Freundschaft aus Unachtsamkeit oder Gewöhnung, und dabei vergißt der eine oder andere gar zu leicht, daß Freunde nicht beliebig austauschbar sind. Vielleicht macht es sogar das Besondere, das Wertvolle, aber auch das Traurige einer Freundschaft aus, daß man im Leben Abschied nehmen muß. Der Christ freilich hofft, daß wir über alle Zeit hinaus gehalten werden vom besten

Freund, den der Mensch hat und auf den der Satz zutrifft: „Ein Freund ist einer, der alles von dir weiß und dich trotzdem liebt." Versuchen Sie bitte dieses Wissen um die Freundschaft an Ihre Kinder weiterzugeben. Bringen Sie auch Ihre eigenen Erfahrungen mit ein. Versuchen Sie Ihren Kindern auch den Sinn des Folgenden klar zu machen:

Wenn du willst,
daß der, den du magst,
schnell zu dir kommen soll,
dann sage dem,
den Du magst,
ganz geschwind,
er solle ganz schnell beginnen,
langsam zu fahren.

Gib den Dingen Namen und gewinne Freunde. So einfach könnte sich Erziehung umschreiben lassen. Doch um dahin zu gelangen, braucht das Kind Orientierung und feste Bezugspunkte, auf die es sich verlassen kann. Dies sind in erster Linie die Eltern, die Geschwister, die Großeltern. Fixpunkte können aber auch die heimatliche Umgebung oder bestimmte Gegenstände sein – das Universum des jungen Menschen ist noch überschaubar. Wenn Ihr Kind Vertraute gefunden hat und die Dinge beim Namen nennen kann, dann wird es anfangen, eigene Standpunkte zu suchen und zu finden. Ich habe versucht, mögliche Wege zu ihnen zu beschreiben. Jetzt kommt es darauf an, diese Wege sicher zu gehen.

2.4. Standpunkte

Vertrauen ist die Grundlage für alle entscheidenden Lebenseinstellungen. Wie kann ein Kind Vertrauen in seine Umwelt gewinnen? Zunächst einmal muß es jemanden haben, der ihm Halt gibt, Wärme und Geborgenheit vermittelt. Diese Begriffe mögen dem einen oder anderen zu emotional geprägt sein, vielleicht auch zu „sentimental" klingen. Doch sie sind die entscheidende Basis für die spätere Kontakt- und Entschlußfähigkeit des jungen Menschen, der in seinen ersten Monaten und Jahren vor allem auch den körperlichen Bezug zu einem oder beiden Elternteilen braucht. Zur Verdeutlichung sei hier noch einmal auf das letzte Kapitel verwiesen, in dem ich aufgezeigt habe, wie die Welt für das Kind ihre Namen erhält. Die ersten Eindrücke werden nach und nach in Worte und Begriffe gefaßt. Das Wort „Begriff" bedeutet bei näherem Hinsehen mehr als ein Abstraktum. Einen Begriff zu finden, bedeutet auch, daß das Kind lernt, etwas zu begreifen, anzufassen, zu fühlen, zu riechen und zu schmecken. Das Kind braucht, um sich mit seiner Umgebung unbeschwert vertraut zu machen, das Gefühl der Geborgenheit mehr als alles andere. Zusammenfassend läßt sich formulieren, daß wir dem Kind Zeit und Gelegenheit geben müssen, die Heimat zu erfahren.

Doch zur Erfaßbarkeit der Welt und damit zur Vertrautheit gehört außer der Sprache auch eine gewisse Überschaubarkeit. Haben Sie sich eigentlich schon einmal über den Sinn des Wortes „klein, aber fein" Gedanken gemacht? In einer Welt, in der beinahe nur noch Sensationen zählen, gilt es mehr denn je, das „Kleine", Überschaubare ins Auge zu fassen. Dies ist einfacher gesagt als getan, denn schließlich hat in der menschlichen Geschichte die Bewunderung des „Großen" Tradition. Das Monumentale findet sich in den Geschichtsbüchern der Menschheit stets an erster Stelle, seien es die Pyramiden, die großen Kriege und Schlachten oder gleich das Universum. Doch was wäre das große Wunder, was wäre der Kosmos ohne die ungezählten Wunder seines kleinen Bruders, des Mikrokosmos? Bekommen wir je wirklich einen Blick für die großen Dinge, wenn wir schon die kleinen nicht schätzen oder auch nur sehen können? Das Sprichwort: „Man sieht den Wald vor lauter Bäumen nicht" könnte genauso gut heißen: „Man sieht den Baum nicht mehr vor lauter Wald".

Wir müssen versuchen, unseren Kinder die Erde als guten Stern wieder ins Bewußtsein zu rücken. Natürlich ist es gut und richtig, auf die Folgen der Umweltverschmutzung hinzuweisen, doch bevor wir mit dem Waldsterben, der Luftverschmutzung und dem Ozonloch argumentieren, sollten wir erst einmal vermittelt haben, was ein Baum, was die Luft und was die Atmosphäre eigentlich sind. Als kleine Gedankenstütze, darf ich Ihnen an dieser Stelle ein indianisches Wiegenlied anbieten:

Die Erde ist deine Mutter,
sie umfängt dich.
Der Himmel ist dein Vater,
er beschützt dich.
Schlafe, schlafe.
Der Regenbogen ist deine Schwester,
sie liebt dich.
Die Winde sind deine Brüder,
sie singen für dich.
Schlafe, schlafe.
Wir sind immer beieinander.
Es gab niemals eine Zeit,
in der dies nicht so war.

Ein „Ja" zu dieser Erde ist, wie vorher bereits angedeutet, zunächst einmal ein „Ja" zum heimatlichen Bereich. Das

Kind braucht die heimatliche, vertraute Umgebung, um mit den unheimlichen und womöglich beängstigenden Dingen fertig zu werden. Der Begriff „Heimat“ allerdings ist nicht mehr unbelastet, sondern in unverantwortlicher Weise allzu oft in die Nähe faschistischen Gedankenguts gerückt worden. Das ist natürlich Unsinn, weshalb es mir angebracht zu sein scheint, grundsätzlich über den Begriff des Heimatlichen nachzudenken.

Als ich vor vielen Jahren als Pädagogikstudent in einer einklassigen Landschule hospitierte und ein kleines Referat zu dem Thema Heimatkunde vorzubereiten hatte, kam mir der Gedanke, daß es aufschlußreich wäre zu erfahren, was die Kinder sich unter dem Begriff „Heimat“ vorstellen. Ich startete eine schriftliche Befragung, von der mir bis heute die Antwort eines zwölfjährigen Buben im Gedächtnis geblieben ist, dessen schulische Leistungen nicht besonders gut waren. Er schrieb auf die Frage „Woran denkst du, wenn du das Wort Heimat hörst?“: „An unsern Gnächt.“ War ich zunächst versucht, mich nicht nur über die typischen Rechtschreibfehler, sondern auch über seine komische Antwort lustig zu machen, belehrte mich ein Gespräch mit dem Klassenlehrer eines Besseren. Er erzählte, daß die familiären Verhältnisse im Elternhaus des Buben äußerst problematisch seien und er nur im Hause des Knechtes seines Vaters ein wenig Liebe und Geborgenheit erfahre. Heimat bedeutete ihm also in erster Linie Geborgenheit, Nähe, Liebe von seiten des Knechtes.

Demzufolge scheint es mir legitim zu sagen, daß Heimatnähe und Geborgenheit dasselbe bedeutet, wie Menschen um sich zu haben, die man mag und mit denen man umgehen kann. Max Frisch meint: „Heimat ist der Mensch, dessen Wesen wir vernehmen und erreichen“, und Christian Morgenstern sagt: „Nicht da ist man daheim, wo man seinen Wohnsitz hat, sondern wo man verstanden wird.“ Jeder braucht diesen Bezugspunkt, braucht die Atmosphäre des „Sich-geborgen-Fühlens", die ihn das ganze Leben lang – zumindest in seiner Erinnerung – begleitet.

Heimat bedeutet dann auch irgendwie Zeit, Zeit für Erlebnisse und Erfahrungen, Zeit, die wir uns und dem anderen lassen müssen, um zu vernehmen, aufzunehmen, anzunehmen. Heimat ist in diesem Sinne eine Verpflichtung für uns selber. Wir müssen dafür sorgen, daß unsere Kinder, die wir durch die frühen Jahre begleiten, diese Geborgenheit, diese Heimat ebenfalls spüren dürfen.

Natürlich wäre es verfehlt zu glauben, der Mensch könne ständig in totaler Geborgenheit leben und zufrieden sein. Menschsein bedeutet auch herausgehen, weggehen vom Gewohnten. Durch den Abschied sehen wir schließlich das Vertraute, die Heimat häufig in einem ganz neuen Licht. Im Rückblick sieht man eben vieles, was bisher selbstverständlich war, neu, und man erkennt, wie lieb und teuer einem etwas war, was man ursprünglich kaum beachtet hatte. Diese Situation zeigt sich besonders deutlich bei den Heimatvertriebenen, die aus dem aufgezwungenen Abschied heraus eine geradezu sprichwörtlich gewordene Heimatliebe pflegen. An ihrem Beispiel erkennen wir aber auch ein weiteres Phänomen: Daß man aus starker Verbundenheit zur alten Heimat in der Lage ist, sich eine neue Heimat zu schaffen. Heimat ist zwar in gewisser Weise ein ruhender Pol, an dem man sich orientiert, Heimat ist aber auch etwas zu Schaffendes, neu zu Gewinnendes. Ich muß mich um Heimat bemühen. Heimat ist unserer Verantwortung anheimgestellt. „Heimat ist ein geistiger Raum, in den wir mit jedem Jahr tiefer eindringen", sagt Reinhold Schneider. Heimat, das ist der dynamische Wechsel zwischen einem mehr oder weniger festen Bezugspunkt, ist etwas, an das man sich erinnert, das uns die ersten Wertmaßstäbe vermittelt. Woher anders lernen wir etwas zu bewerten als von unseren ersten (heimatlichen) Erfahrungen und Erlebnissen her?

Das ist auch die Bedeutung unserer „Erziehung zur Heimat“. In einer heimatlichen Umgebung werden erste Eindrücke gemacht, aber auch in Ruhe Erlebnisse verdaut, da man sich zunächst dort auszukennen lernt, wo man heimisch ist und damit die abstrakten Werte „schön“, „gut“, „wahr“ und „echt“ im Konkreten erfährt, erfaßt, erlebt. Auf diese ersten Erfahrungen und Erlebnisse baut alles Spätere auf. Auch wenn die nachfolgende „Welterfahrung“ dann so manches in Frage stellt, was bis dahin für einen galt, sind Besinnungen nur dadurch möglich, daß man einen ursprünglichen Maßstab hat.

Nur wer einen Standort im Leben hat und um ihn weiß, kann auch festen Stand gewinnen. Ich behaupte auch, daß wir, wenn wir Geborgenheit und Heimat für andere, für unsere Kinder, werden wollen, etwas geben müssen, etwas bieten, etwas ausstrahlen müssen. Das ist aber nur dort möglich, wo wir uns um unseren eigenen Standort bemühen. Dieses Denken aber – und das sei noch einmal ausdrücklich betont – steht in krassem Gegensatz zum engstirnigen Nationalismus, der nur das Eigene gelten läßt. Es ist die ganze Welt, die wir als Heimat erkennen, doch dazu ist es zunächst einmal notwendig, die begrenzte, überschaubare, erlernbare Umgebung als Heimat zu erfahren. Und wenn wir diesen Orientierungspunkt ohne Pathos in uns verankert haben, ist es für uns ganz einfach, auch die Heimat der anderen zu sehen und anzuerkennen. So hilft unsere eigene Liebe zur Heimat auch mit, daß andere ihre Heimat zu schätzen und zu lieben wissen.

Der blaue Stern

Wir, die Heimat hier gefunden
auf dem guten, blauen Stern,
die lebendig sind, verbunden
mit dem Leben nah und fern,

die im Leben also Brüder,
Schwestern sind mit Pflanze, Tier,
sollten Dank auch immer wieder
haben für die Wohnung hier,
auch für Wasser, Luft und Boden
dankbar sein und unsern Raum,
sollten ihn nicht plündern, roden
bis auf seinen letzten Baum.
Denk dran, daß bewußt dir werde
deine Erdenbürger-Pflicht:
Wir gehören zwar zur Erde,
aber sie gehört uns nicht.

III.
Erziehung braucht Grundsätze

1. Kinder sind Kinder – und dürfen das auch sein

Wer hätte das vermutet: Ausgerechnet in den Grundschullehrplänen des Freistaates Bayern steht der schöne Satz des polnischen Pädagogen Janus Korcak, daß ein jedes Kind das Recht auf „Kind-Sein-Dürfen" hat. Aber stimmt das auch wirklich? Räumen wir unseren Kindern dieses Recht in einer sich immer rascher verändernden, Leistung fordernden Welt auch wirklich ein? Gehen wir in unserem Bemühen, unsere Kinder auf das Leben vorzubereiten, nicht immer schon einen Schritt zu weit? Legen wir uns doch einmal Rechenschaft ab über die Fragen, die wir den Eltern anderer Kinder stellen. Es beginnt mit „Ist das Kind schon da?" und „Läuft es schon?", wenig später folgt: „Ist es schon im Kindergarten?", „Geht es schon in die Schule?", „Hat es schon den Abschluß gemacht?" und schließlich „Ist er/sie schon verheiratet?", „Hat er/sie schon Kinder?" Immer wieder stoßen wir auf das Wörtchen „schon".

In dem Maße, in dem wir derartige Fragen stellen, räumen wir der Gegenwart des Kindes nicht das ihr zukommende Recht ein. Und doch ist es gerade diese unbeachtete Gegenwart, die eine Kindheit erst schön und erinnernswert macht. Gerade in der Kindheit werden Erfahrungen wie Freundschaft, Liebe, Glück, Trauer, Herrliches und Schreckliches so unmittelbar und ursprünglich erlebt und erlitten, wie dies später nie mehr möglich ist. Der Aufklärer Jean-

Jacques Rousseau gab zu bedenken: „Die Natur will, daß die Kinder Kinder seien, ehe sie Erwachsene werden. Wollen wir diese Ordnung umkehren, so werden wir frühreife Früchte hervorbringen, die weder Saft noch Kraft haben: junge Gelehrte und alte Kinder."

Im Klartext bedeutet dies, daß wir aufhören müssen, unsere Kinder als Mini-Erwachsene zu betrachten. Dies bedeutet auch, daß wir das unbeschwerte Spielen um seiner selbst willen dulden und fördern und es nicht nur als Ertüchtigung oder gar als Vorbereitung für den späteren „Ernst des Lebens" ansehen. Jeder Lebensabschnitt, und gerade die Kindheit, dient nicht nur als „Aufwärmphase" für den nächsten. Die Einmaligkeit der Kindheit charakterisiert Max Frisch mit den folgenden schönen Worten: „Wir könnten Menschen sein. Einst waren wir Kinder. Wir sahen Schmetterlinge, wir standen unter dem silbernen Wasserfall. Wir sahen den Glanz im Inneren der Muschel. Wir sahen alles. Wir hielten die Muschel ans Ohr; wir hörten das Meer. Wir hatten Zeit."

Es ist gerade dieses „Zeithaben", das heute zu oft als „schädlicher Müßiggang" mißverstanden wird. „Zeit", das bedeutet für uns Zwang und Eile, Erschöpfung, Tempo und Druck. Kinder definieren ihre Zeit ganz anders. Für sie ist „freie Zeit" der natürliche Zustand; für sie bedeutet Zeit die Unbeschwertheit des Spiels, die Erwartung, die Freude am Jetzt und die Hoffnung auf morgen. Wir müssen unseren Kindern also Zeit lassen, wenn wir uns nicht an ihren Erinnerungen versündigen wollen, und wir sollten uns bei ihrer Erziehung ebenfalls Zeit nehmen. Nichts ist entwicklungshemmender als Eltern, die mit ihren Kindern eine Art Konkurrenzkampf betreiben. Seien es nun die vielzitierten „Tennismütter", die ihren Sohn zu einem zweiten Boris und ihre Tochter zu einer zweiten Steffi drillen wollen und Siege anderer mit Mißtrauen, Argwohn und Ärger betrachten, oder seien es die ewigen „Oberlehrer", die ihre Kinder zu kleinen „Antwort- und Auskunftsmaschinen" heranbilden.

Wie absurd wirkt der Satz: „Mein Kind kann schon dies und jenes", wenn man dem Gesicht des Kindes den Überdruß ansehen kann!

Natürlich dient die Kindheit auch dem Lernen, doch ist sie in besonderem Maße eine unglaublich wichtige Grundlage, aus der man später Kraft schöpfen kann. Falls Sie aber wirklich einmal mit anderen Eltern in eine Konkurrenzsituation geraten sollten, der sie nicht ausweichen können, dann empfehlen Sie ihnen die Lektüre der folgenden kleinen Geschichte.

Die drei Kinder (nach Tolstoi)

An einem schönen Nachmittag saßen drei Mütter nebeneinander auf der Bank eines Spielplatzes und sahen mit Wohlgefallen ihren drei kleinen, etwa vierjährigen Kindern zu. Als sich eine alte Frau zu ihnen gesellte, begann nach einer Weile eine der Mütter: „Schauen Sie sich nur mein Kind an, es hat eine Menge Steine gesammelt und zählt sie bereits. Hören Sie nur hin – es kann bereits bis hundert zählen." „Ja und?" meint darauf die zweite Mutter. „Da, sehen Sie selbst: Viereinhalb Jahre ist der Unsrige und wissen Sie, was er da in der Hand hält? Ein Buch. Ein Buch, ganz ohne Bilder. Nur Text. Ob Sie's glauben oder nicht – der Kleine liest bereits perfekt." „Und was meinen Sie", meldet sich jetzt die dritte Mutter, „was unser Kleiner da gerade macht? Schauen Sie genau hin. Er kritzelt nicht etwa auf dem Block herum, sondern er schreibt, ja, er schreibt. Ich habe ihn vorhin gebeten, einen kleinen Aufsatz mit dem Thema ‚Ein schöner Nachmittag auf dem Spielplatz' zu schreiben." „Nun", fragten jetzt die drei Mütter wie aus einem Mund die alte Frau, „welches ist jetzt Ihrer Meinung nach das gescheiteste Kind?" „Kind?" antwortete die alte Frau traurig. „Wo ist da ein Kind? Ich habe keines gesehen!"

Wie diese alte Frau sollten auch wir ständig daran denken, daß das Leben nicht immer nur eine Entwicklung nach oben und nach vorne darstellt, daß das zunehmende Alter nicht nur Gewinn ist, sondern auch Verlust. Der Satz: „Denkt an später" höhlt den Menschen schon von klein auf aus, denn Erlebnisse und Erfahrungen unserer Kindheit sind es meistens, die unsere spätere Sinn- und Wertorientierung ausmachen und prägen. Um jedoch nicht ganz zu ernst zu werden, gestatten Sie mir an dieser Stelle noch eine kleine lyrische Spitze gegen die drei beschiebenen Mütter und andere ehrgeizige Eltern, denen eine „vorgeburtliche Erziehung" wohl die angenehmste wäre.

Die neue Bildungsmaschine

Ein Professor, vom Staat mit „Bildung" betraut,
hat eine neue Maschine gebaut.
Ich weiß zwar nicht recht, wie sie funktioniert,
denn ich hab die Sache ja nicht eigens studiert.
Aber laut des Professors Interview
ist das Maschinchen ein echter Clou.
Ganz klar hat der Professor erkannt,
es wäre eine Schande für's ganze Land,
wenn der Mensch erst als fertiges Kind
mit dem systematischen Lernen beginnt.
Und dies womöglich in der Schule erst gar,
denn damit würde, so meint er, ganz klar,
viel kostbare Zeit einfach vertan:
So setzt er Bildung viel früher an.
Nachdem er recht lang hin und her studiert,
hat er das „vorgeburtliche Lernen" kreiert.
Denn neun Monate, so schimpft der Professor laut,
liegt der Embryo nur auf der faulen Haut.
Nur etwas wachsen und ein bißchen sich rühren –
damit ist nun Schluß: Jetzt heißt's studieren.

Und jede werdende Mutter
wird angehängt an einen Computer.
Jeden Tag von acht bis neun,
gibt er regelmäßig Buchstaben ein.
Und von neun bis viertel nach zehn
übt er mit dem Fötus hochdeutsch schön.
Von zehn bis elf folgt Schreibunterricht
und von elf bis zwölf biblische G'schicht.
Konfessionslose im besonderen Fall
bekommen dafür Ethik und Moral.
Wird der Computer recht programmiert
und noch etwas besser durchkonstruiert,
so meint der Professor tatsächlich gar,
wäre es möglich in ein bis zwei Jahr,
daß zur Freude der Wissenschaftswelt
Geburt mit Abitur zusammenfällt.

Ich bitte Sie: Lassen Sie Ihre Kinder träumen. Die Spielzeuge, die Sie ihnen schenken, sollten genügend Raum lassen für Phantasie und Eigentätigkeit, und denken Sie bitte auch daran, daß Fernsehen keinen Ersatz für eigene Erfahrungen darstellt. Machen Sie sich nicht mitschuldig an der Züchtung „grauer Mäuse", indem Sie Ihren Kindern nichts Erlebenswertes mehr anbieten, weil Ihnen selbst die Welt langweilig vorkommt. Den Gameboy zu verbieten ist zwecklos, wenn Sie nicht selbst die Alternativen aufzeigen. Und vor allem: Seien Sie nicht beunruhigt, wenn Ihre Sprößlinge Phantasie und Wirklichkeit manchmal vermischen. Daß Ihr Kind sich in Ihrer Gegenwart immer noch nicht so recht vom Geträumten zu lösen vermag, sollten Sie als einen kindlichen Beweis des Vertrauens werten. Den Unterschied zwischen Traum und Realität lernt der Nachwuchs garantiert früh genug kennen.

2. Die Wunder und das Staunen

Man kann natürlich keine Anweisung oder Anleitung geben, wie man das Staunen über Wunder und damit das „Staunen und Wundern“ üben oder gar lernen kann. Das Wichtigste ist, daß man sich öffnet, daß man als Erwachsener wieder lernt, seine Sinne einzusetzen und vielleicht sogar nach einer kurzen Verbindung zwischen Sinneseindrücken, Herz und Verstand sucht. Entdecken Sie das Wunder „Leben“ neu, erkennen Sie das Wunder im Wundersamen wieder und versuchen Sie, Ihrem Kind dessen Bedeutung nahezubringen. An dieser Stelle könnten Sie nun zu Recht fragen: „Nun, gut – aber wozu?“ Zunächst einmal möchte ich auf diese Frage zu bedenken geben, daß das Wunderbare, Bestaunenswerte und Schöne keinen Gegensatz zum Verstandesmäßigen und zur Vernunft darstellen muß. Häufig herrscht bei uns die Meinung vor, daß all das, was wir als wunderbar oder wundersam empfinden oder bezeichnen könnten, dem Verstand widerspricht, wenn man es nicht bis ins letzte Detail aufklären kann. „Wunderbar“ hat seine Gültigkeit nur noch als leicht angestaubter Begeisterungsausruf und beinhaltet keine Geheimnisse mehr. Diese Denkart ist jedoch in sich unlogisch. Zur Verdeutlichung möchte ich an dieser Stelle ein kleines Gedicht einflechten.

Die Wunder-Samen

Wenn wir „welch ein Wunder“ raunen,
über neue Technik staunen,
über neueste Raketen,
die erreichen schon Planeten,
über Roboter und Computer
– wieviel er kann und tut er –,

sollten wir doch unterdessen,
größere Wunder nicht vergessen,
gegen welche diese kleinen
unbedeutend fast erscheinen.
Nur ein Beispiel will ich nennen
eines, das wir alle kennen:
Jenen winzig kleinen Samen,
aus dem Wunder kommen, kamen:
Gräser, Kräuter und Getreide,
Blumen, eine Augenweide,
blühend, duftend, bunt und bunter
und, oh Wunder über Wunder,
Bäume, Blätter, Früchte tragend,
mächtig in den Himmel ragend.
Alles ruht in dieser Fülle
in des Samens zarter Hülle.
Und dem Samen ist gegeben
jenes größte Wunder: Leben.
Jene wundersame Kraft,
die erschaffen selbst, neu schafft.

Sie sehen, beim Nachdenken über sogenannte „naturwissenschaftliche Alltäglichkeiten" können wir jederzeit auf Abläufe und Dinge stoßen, die zwar im Prinzip bis ins Detail erforscht sind, doch deren „wunderbar" sinnreiche Einrichtung und Konstruktion niemals bis zu ihrem Ursprung zurückverfolgt werden kann. Gerade die größten Naturwissenschaftler haben stets betont, wieviel Grund zum Staunen die Natur, unsere Welt und unser Kosmos bieten. Je mehr Antworten gefunden werden, deso mehr Fragen kommen auf. Aufklärung und Vernunft sowie das Staunen über Wunderbares wären demnach keine Gegensätze, und die beste Aufklärung könnte also damit beginnen, daß wir unsere Kinder auf die vielen Wunder dieser Welt aufmerksam machen und sie zum Staunen bringen.

Doch leider neigt unsere Zeit dazu, das Staunenswerte und das Wunderbare als Irrationalität abzutun. Welch eine Ironie!

Ich erlaube mir noch einmal, Michael Ende zu zitieren: „Das, was man in der Zivilisationswüste Rationalität und wissenschaftliche Aufklärung nennt, scheint uns nämlich das Gegenteil dessen hervorgebracht zu haben, was Vernunft und Realität jedem gesunden Menschenverstand gebieten. Wir sehen, daß diese Leute mit ihrer wissenschaftlichen Aufklärung den Himmel, die Erde und die Gewässer vergiften. Wir sehen, daß sie sich selbst körperlich und seelisch zugrunde richten. Wir sehen, daß sie als Gipfel der Erkenntnis eine Bombe geschaffen haben, mit der man alles Leben auf der Erde nicht nur einmal, sondern viele Male vernichten kann. Wenn diese Ergebnisse in ihrer Rationalität ihnen keine Angst machen, warum haben sie dann solche Angst vor unserer Irrationalität? Aber sie haben keine Angst vor ihrer Rationalität, sie sind sogar stolz darauf. Sind sie denn krank im Kopf?"

Wenn Sie dazu beitragen wollen, unsere Welt ein klein bißchen besser zu gestalten, dann sollten Sie bei Ihren Kindern einen Anfang versuchen. Geben Sie sowohl der reinen Vernunft als auch dem reinen Staunen seinen Platz. Bedenken Sie den schönen Satz von Paul Claudel: „Gott verwendet die gleiche Sorgfalt zum Bau einer Milchstraße und der eines Regenwurms" und versuchen Sie, Begeisterung zu wecken. Erfüllen Sie die kleinen, oft unscheinbaren Dinge mit Leben, mit Geschichten, mit Erfahrungen und Erlebnissen – und denken Sie stets daran: Wenn Sie es geschafft haben, das Kind oder den Jugendlichen zum Staunen, zum Wundern gebracht zu haben, haben Sie, laut Aristoteles, den „ersten Grund der Philosphie" erreicht. Für Francis Bacon ist das Staunen gar „der Samen des Wissens." Versuchen Sie deshalb nicht zu schnell, Ihre Kinder an die Welt zu gewöhnen.

Ich zitiere mit Freude aus Jostein Gaarders Bestseller „Sofies Welt“: „Anscheinend verlieren wir im Laufe unserer Kindheit die Fähigkeit, uns über die Welt zu wundern. Aber dadurch verlieren wir etwas Wesentliches … denn irgendwo in uns sagt uns etwas, daß das Leben ein großes Rätsel ist. Das haben wir erlebt, lange bevor wir gelernt haben, dies zu denken.“

Für unsere Kinder ist der Start einer Boeing immer noch ein Wunder, während der Kapitän des Fliegers sich nur noch über die fliegenden Menschen bei David Copperfield wundern kann. Deshalb glaube ich, daß wir zwar im Laufe unseres Lebens viel dazu lernen, leider aber auch viel verlernen. Ist nicht jeder winzige, fliegende Käfer eine Sensation? Ist es nicht großartig, daß die Hummel unsere Erkenntnisse der Naturgesetze zu verleugnen scheint, weil ihr Körper und ihre Konstruktion es ihr eigentlich unmöglich machen sollten, sich vom Boden zu erheben?

Ich schrieb zu Beginn dieses Kapitels, daß es unmöglich sei, eine Anleitung zum Staunen zu geben. Ich empfehle Ihnen aber: Hindern Sie Ihre Kinder nicht am Wundern, denn wer weiß – vielleicht staunen Sie selbst noch einmal mit.

3. Humor gehört dazu

Über Humor in der Erziehung zu schreiben, ist gar nicht so leicht, denn es gilt das Wort von Rudolf Presber: „Humor ist, was man nicht hat, wenn man ihn definiert.“ Auch auf die Gefahr hin, von Ihnen für humorlos gehalten zu werden, unternehme ich den Versuch, Humor zu definieren, verständlich zu machen.

3.1. Humor steht im Gegensatz zum tierischen Ernst

Der Humor besteht unter anderem darin, daß man nicht alles schwer nimmt, daß man sich und seine Meinung nicht absolut setzt. Das bedeutet auch, daß man sich nicht überschätzt und noch anderes sehen kann als nur sich selbst. Man relativiert sich und seine Sorgen, weiß, daß es außer dem eigenen Ich andere Ichs, andere Meinungen und andere Probleme gibt, erkennt seine eigenen Grenzen an und achtet den anderen. Das führt dazu, daß man hin und wieder mit anderen Augen beziehungsweise mit den Augen eines anderen sieht. Ich betrachte dann einmal etwas von einer anderen Warte aus, unter einem anderen Blickwinkel, überlege mir zum Beispiel, wie ich wohl an der Stelle eines anderen gehandelt hätte oder handeln würde.

3.2. Humor ist Distanzgefühl

Wir wissen, daß man einen größeren Überblick hat, wenn man von einer höheren Warte aus beobachtet, wenn man einen Turm oder einen Berg besteigt, um von da aus einen weiteren Blick auf das Ganze zu haben. Wer darübersteht, darüber hinausschaut, sieht mehr, steht über der Sache. Diesen Abstand zu gewinnen, nicht im Kleinkram aufzugehen, sondern hie und da zu versuchen, dahinterzuschauen, Zusammenhänge zu sehen, kann als Voraussetzung für Humor angesehen werden. Bei G.K. Chesterton findet sich der Satz: „Humor ist eine Erscheinungsform der Religion. Nur wer über den Dingen steht, kann über sich ... lachen."

Wer darüber hinausschaut, kann auch einmal über etwas hinwegsehen, er beißt sich nicht fest, wird nicht verbissen, sondern ist der Großzügigere, der, wie das Wort ja sagt, die größeren Züge, die Strukturen sieht. Das heißt freilich nicht, daß man das Kleine und Geringe nicht hochachten und sich dafür engagieren könnte. Ebensowenig darf der Versuch, von anderen Standpunkten her etwas zu sehen, mit Standpunktlosigkeit verwechselt werden. Gemeint ist, um es nochmals zu sagen, das Bemühen, das größere Ganze zu sehen, sich nicht absolut zu setzen, ja gelegentlich über sich selber, seine Unzulänglichkeiten und Fehler lachen zu können. So meint Bischof Kelly: „Wenn du nichts zu lachen finden kannst, so hast du immer noch dich selbst."

3.3. Humor ist ein Teil der Weisheit

Spurgeon nennt die Weisheit „den rechten Gebrauch des Wissens", und William James sieht die Kunst der Weisheit darin „zu wissen, was man übersehen muß".

Humor ist also nicht eine bloß augenblickliche Lustigkeit, sondern eine Fähigkeit, weiterzuschauen, weiterzufragen. Und da kann es dann durchaus geschehen, daß man fragend an die Grenzen des Menschseins gelangt: Daß man wohl um die Gefährdung unseres Daseins weiß, um Leid, Ungesichertheit und Tod, und trotzdem versucht, fröhlich zu sein. So, wie das so schön in dem alten Volksspruch ausgedrückt ist:

Ich kam, weiß nicht woher.
Ich bin und weiß nicht wer.
Ich leb', weiß nicht wie lang.
Ich sterb' und weiß nicht wann.
Ich fahr', weiß nicht wohin.
Mich wundert's, daß ich so fröhlich bin.

„Trotzdem", „dennoch" fröhlich zu sein, obwohl man um viel Schmerzliches und Trauriges im Leben weiß, obwohl man erkennt, daß beim Weiterfragen vieles fragwürdig wird, ist Kennzeichen für den Humor. So hat ja Otto Julius Bierbaum den Humor auf die einfache Formel gebracht: „Humor ist, wenn man trotzdem lacht."

Wir hatten zwar vorhin den Humor als Gegensatz zum tierischen Ernst aufgefaßt. Das bedeutet aber keineswegs, daß der Humor schlechthin als Gegensatz zum Ernst verstanden werden soll. Carl Jakob Burkhardt meint sogar: „Der wirkliche Humor, der menschliche, ist etwas, was nur bei tief ernsten Menschen vorkommt, bei weisen, völlig unfanatischen Menschen." Und Ernst Pätzold sagt: „Humor ist die Fähigkeit, heiter zu bleiben, wenn es ernst wird." Wilhelm Busch beschreibt diesen Sachverhalt in klassisch gewordenen Zeilen:

Es sitzt ein Vogel auf dem Leim,
er flattert sehr und kann nicht heim.
Ein schwarzer Kater schleicht herzu,
die Krallen scharf, die Augen gluh.
Am Baum hinauf und immer höher
kommt er dem armen Vogel näher.
Der Vogel denkt: Weil das so ist,
und weil mich doch der Kater frißt,
so will ich keine Zeit verlieren,
will noch ein wenig quinquilieren
und lustig pfeifen wie zuvor.
Der Vogel, scheint mir, hat Humor.

Es gibt eine ganze Reihe von Aussprüchen, die gerade von der Grenzsituation des menschlichen Daseins, dem Tod, dem Sterbenmüssen handeln, die dies aber auf eine Weise tun, daß man mit dieser Grenzsituation irgendwie versöhnt wird. Sie stehen über dem gewiß schmerzlichen und unabwendbaren Ereignis des Todes und nehmen ihm damit die Härte und Schärfe. Der Tod erscheint als Bestandteil des Lebens.

Hier ist ertrunken Anne Lentner,
sie wog mehr als dritthalb Zentner.
Gott geb' ihr in der Ewigkeit
nach ihrem Gewicht die Seligkeit (bei Wien).

Der Schuster Sepp von Lauterbach
ist hier ersoffen in der Ach.
Er trank zu viel vom Branntewein,
drum fiel er in die Ach hinein.
Gott schenke ihm die ew'ge Ruh
und noch ein Viertel Schnaps dazu
(in Lauterbach an der Ach).

Den Franzl, den ja jeder kennt,
hat hier ein Ochs vom Radl g'rennt,
O Radler, der du fahrst zum Haferl,
sitz ab bei diesem Martertaferl.
Und merk, bergab man immer schiebt,
dieweil es hier viel Rindvieh gibt (bei Kreuz).

Der Weg in die Ewigkeit
ist doch gar nicht weit.
Um sieben Uhr fuhr er fort,
um acht Uhr war er dort (Stubaital).

Zeigt sich in diesen Sprüchen nicht deutlich das fast versöhnliche Moment, das wir angesprochen haben, der Gedanke, daß, wie wichtig man sich und seine Sorgen auch oft nimmt, ein unvorhergesehenes Ereignis mit einem Schlag alles unwichtig und unwesentlich machen kann? Man sieht daran, wie der Gedanke an das todsicherste aller Ereignisse, das jedem von uns bevorsteht, also etwas Todernstes, einer Sache den allzu großen Ernst nehmen kann.

Fassen wir zusammen: Der Humor ist keineswegs gleichzusetzten mit augenblicklicher Lustigkeit. Humor ist mehr, er ist eine Lebenseinstellung. Er hat zur Voraussetzung, daß man das Leben mit seinen freudvollen und leidvollen Seiten erkennt und anerkennt. Somit kann Humor sogar in der Nähe von Trauer und Leid auftreten. Vielleicht entsteht er ja überhaupt nur da, wo man um leidvolle Erfahrungen des Lebens weiß. Siegmund Graff meint: „Humor setzt Wunder voraus. Er ist eine Vernarbungserscheinung, daß man um die Gefährdung des Lebens weiß, um Unsicherheit, Leid und Tod und trotzdem fröhlich ist, ja sagt zu diesem Leben; das ist kennzeichnend für den Humor." So sagt Werner Fink: „Humor ist die Lust zum Lachen, wenn einem zum Heulen ist." Nur wenn jemand die Fähigkeit besitzt, auch den ernsten Augenblicken mit einem Lächeln zu begegnen, wird er sich selbst nicht bedingungslos ernst und wichtig nehmen. Er sieht seine eigenen Grenzen und kann sie mit unverkrampfter Heiterkeit annehmen; er hat den notwendigen Abstand, und damit ist Humor auch eine Art Distanzgefühl. Diese Distanz zu den Dingen versetzt den Einzelnen in die Lage, Situationen auch mit anderen Augen sehen zu können. Nur humorvolle Menschen können sich in andere hineinversetzen, und meistens sind humorvolle Menschen auch origineller und kreativer als andere. Sie sind in der Lage, mit einem Lächeln aus traditionellen und ausgeleierten Denkmustern auszuscheren und halten immer wieder Unerwartetes und Überraschendes parat. Nur wer Normen, Regeln und Gebote nicht um ihrer selbst willen übernimmt, sondern ihren Sinn humorvoll hinterfragt, ist langfristig in der Lage, Akzente zu setzen. Ein weiteres, wesentliches Merkmal des Humors ist, daß er nicht verletzt, nicht destruktiv ist und den Menschen gegenüber immer gelten läßt. Der Humor ist versöhnlich, akzeptiert, toleriert und ist getragen von einer positiven Einstellung zum Leben. Während Ironie, Spott und Sarkasmus in ihrer verletzenden Wirkung zumeist pädadogische Fehlleistungen ersten Ranges sind, ist der Humor dem Kinde gegenüber etwas zutiefst

Menschliches. Er läßt uns leichter mit den eigenen und den Fehlern des anderen leben und rückt den Augenblick an die richtige Stelle. Er lehrt uns die wahre Größenordnung und die gültige Perspektive. In diesem Sinne ist eine humorvolle Einstellung zum Leben und zur Erziehung eine gesunde Haltung.

4. Die Basis der Erziehung

Wenn Sie mit mir übereinstimmen, daß Erziehung in erster Linie Lebenshilfe sein sollte, und wenn Sie mir beipflichten, daß es darum geht, den jungen Menschen sanft, aber konsequent zu führen und anzuleiten, dann werden Sie auch mit den folgenden Aussagen keine Probleme haben: Ohne eine gesunde Basis ist jeder Erziehungsversuch zum Scheitern verurteilt, und die gesunde Basis besteht aus einigen elementaren Grundsätzen; im folgenden erläutere ich die wichtigsten.

4.1. Nein zum Nein: Denk doch einfach positiv

Wer heute mit wachen Augen und Ohren durch die Straßen geht, der wird mühelos bemerken, daß die Worte „nein" und „gegen" derzeit wieder einmal Hochkonjunktur haben. Denken Sie nur an die bunten Knöpfe, die sogenannten Buttons an der Kleidung der Jugendlichen: „Schule ist Müll", „Gegen Atomkraft", „Politik ist blöd", „Kein Bock auf alte Säcke" ... und so weiter. Sieht man von der einen oder anderen aufgedruckten Popmusik-Ikone ab, dann entdeckt man in dieser Parolensammlung eindeutig mehr Aussagen *gegen* etwas als *für* etwas. Daß der Jugendliche mit dem Kauf dieser Plakette allerdings ein klares „Ja" zum Wegwerfkonsum sagt, sei nur am Rande erwähnt.

Wundern müssen wir uns über diese Einstellung nicht. Schließlich sind die Vorbilder dieser „Nein-Sager" ebenso vielfältig wie buntgescheckt. Da scheint es mittlerweile eine ganze Reihe politischer Parteien zu geben, deren Programm auf die Aussage zusammengeschrumpft ist, daß sie eigentlich gegen alle anderen sind. Die Massen werden aufgerufen, diese oder jene Mehrheit zu vermeiden, diesen oder jenen Politiker zu stoppen und möglichst aufzuhören, eine Masse zu sein. Und die Alternative mancher „Alternativen" scheint darin zu bestehen „Nein!" oder „Nicht mit uns!" zu sagen. Gegen alles und jeden zu sein, ist aber keinesfalls gescheiter, sondern bestenfalls bequemer. So manch einer mag schon die bittere Erfahrung gemacht haben, daß man um so eher kritisiert wird, je mehr man sich für eine Sache oder eine Person einsetzt. Letztendlich jedoch hilft es herzlich wenig, von Veränderungen nur zu reden – Engagement für etwas wird immer gebraucht.

In diesem Zusammenhang mag auch auffallen, daß Begriffe wie „konservativ" oder „progressiv" seltsam inhaltsleer werden. Das Konservative nämlich ist überall dort gut und richtig, wo es etwas Gutes und Richtiges bewahren hilft, und es ist dort unsinnig, wo man aufgrund überlieferter Vorstellungen und Traditionen an Schlechtem festhält. Das Progressive ist dann sinnvoll, wenn man damit zu Besserem, Wertvollerem kommt, und ist es dann sinnlos, wenn man Gutes und Richtiges ohne Not über Bord wirft. Deshalb ist es wichtig, nicht ständig nur von Veränderungen, sondern vielmehr von „Verbesserungen" zu sprechen. Denn nur derjenige, der etwas verbessern will, macht sich auch tatsächlich darüber Gedanken, was er eigentlich für gut hält. Der deutsche Vorzeigephilosoph Kant meinte, daß sich die großen Fragen der Menschheit folgendermaßen reduzieren ließen: „Was kann ich wissen, was darf ich hoffen, was soll ich tun?"

Wissen Sie einfach um das Richtige, hoffen Sie auf das Schöne und tun Sie Gutes – dann sind Sie der Lösung schon einen großen Schritt näher gekommen.

Vieleicht ist heute so viel von der „Sinnlosigkeit" die Rede, weil so viel übers „Nein-Sagen" gesprochen wird. Denn schließlich kann niemand sinnvoll leben, der das Leben selbst stets verneint. Sinn kommt immer nur aus dem „Ja", der Zusage, der Bindung, der Treue, dem Vertrauen, dem Versprechen. Darum: Wenn Sie schon prinzipiell etwas ablehnen wollen, dann lehnen Sie doch bitte einfach ab, gegen alles zu sein. Sagen Sie „Nein danke!" zum „Nein danke!"

Kindererziehung

Ein wenig Herz und ein wenig Verstand,
das richtige Wort füreinand,
ein wenig Geduld und ein wenig Humor,
ein wachsames Auge, ein ganz scharfes Ohr
für das, was im Leben wesentlich ist,
ein Gedächtnis, das nicht das Gute vergißt.
Und nicht bloß das Später immer im Blick,
auch Zeit grad für jetzt und das heutige Glück,
aufs Schöne und Gute ein wenig vertrauen,
dazu auch ein Hoffen und einen Glauben
auf Ihn da droben, auf Gott unsern Herrn,
dann wird's, du wirst sehn, bestimmt richtig werden.

4.2. Wichtiger denn je: Gesund an Leib und Seele

Ein gesunder Geist in einem gesunden Körper: Die alten Römer wußten schon vor über 2000 Jahren, worauf es im Leben ankommt. Gesundheit ist auch ein Schlagwort der Gegenwart. Spricht denn nicht jeder zweite ausgefüllte Fragebogen vom „unverzichtbaren Gut Gesundheit" und ist nicht die Angst vor Siechtum, Pflegebedürftigkeit und Gebrechen schon jahrelang die Nummer eins in der „Ich-fürchte-mich-vor-Hitliste"? Und dennoch: Betrachten wir das Verhalten unserer Umgebung, muß uns auffallen, daß wir alles dafür tun, diese Ängste Realität werden zu lassen. Der Mensch, vornehmlich der junge, wird heute im körperlichen Bereich systematisch unterfordert. Wir müssen an dieser Stelle gar nicht den vielzitierten Fernsehsessel bemühen, der für ein Gros an Haltungsschäden mit verantwortlich ist; es genügt schon ein Blick in die Klassenzimmer unserer Kinder. Dieses Wirbelsäulenmartyrium wird anschließend an den Ausbildungsstätten und Universitäten fortgesetzt und erreicht in den Großraumbüros und Dienstleistungsstuben dieser Tage seinen traurigen Höhepunkt.

Daß ein „gesunder Geist" in einem „gesunden Körper" wohnen könnte, wird allerdings nicht nur durch den muskel- und wirbelsäulengeschädigten Rumpf verhindert, sondern auch durch die Verkümmerung unserer Sinnesorgane. Die Augen, die Gottfried Keller so charmant als die „lieben Fensterlein" des Menschen bezeichnete, werden meist über Gebühr und höchst einseitig strapaziert. Die Ohren sind gefangen in einem lärmüberfluteten Teufelskreis, der immer höhere Phonzahlen hervorbringt, um im Chaos der Töne doch noch irgendwie unsere Aufmerksamkeit zu erhaschen. Eine Lärmquelle versucht die andere zu übertönen, und nicht zuletzt dadurch fällt es uns immer schwerer, zu- und hinzuhören.

Ähnlich verhält es sich auch mit dem Geruchs-, Geschmacks- und Tastsinn. Auch wenn uns die Werbung immer neue Duftkreationen verheißt, scheint unsere Umgebung immer geruchloser und keimfreier zu werden. Wer lehrt unsere Kindern das Schnuppern, Schmecken und Fühlen? Wer denkt daran, wie viele Sinneseindrücke sie über ihre Haut ertasten und erspüren könnten? Dort aber, wo unsere Welt- und Selbsterfahrung durch unsere Sinne reduziert ist, wird die heute oftmals erwähnte und beschriebene Sinnkrise auch zu einer Sinneskrise.

Die positive Einstellung des Menschen zum Leben ist in entscheidendem Maße mitbedingt von der Bejahung seiner leiblichen Existenz. Entgegen allen Fehldeutungen muß immer wieder herausgestellt werden, daß das Christentum die Leiblichkeit des Menschen sehr ernst nimmt, was nicht zuletzt im Glauben an die Auferstehung des Leibes deutlich wird.

Es reicht nicht aus, den werdenden Menschen nur am möglichen Intelligenzquotienten auszurichten. Wir müssen ihn auch lehren, mit seiner Körperlichkeit umzugehen, seine leibliche Existenz zu akzeptieren und zu bejahen. Abgesehen von der gesundheitsfördernden und sozial bedeutsamen Wirkung des Sportes, gehören dazu auch das „rechte Augenmaß“, das „Mitgefühl“ und der „gute Geschmack“ – alles Dinge, die mit unseren Sinnesorganen in direktem Zusammenhang stehen.

Wenn also Erziehung eine Form der Lebenshilfe darstellt, dann sollte sie auch dazu verhelfen, das Leben als Geschenk genießen zu können. Denken Sie an den schönen Spruch: „Wer nicht genießt, ist ungenießbar.“

Wenn wir uns nun, nach den Unverzichtbarkeiten des „gesunden Körpers“, dem „gesunden Geist“ zuwenden, dann sollten wir uns vor Augen führen, daß das menschliche Leben auf einem wohlüberlegten Wechsel von Spannung und Entspannung basiert. Wo keine Spannung mehr ist, verläuft alles in öder Langeweile. Man weiß alles, man kennt alles, man bekommt alles, muß nichts mehr erringen und sich nicht mehr plagen. Die Vorhersehbarkeit wird zum Programm und das Märchen vom Schlaraffenland zur grausamen Realität. Erinnern Sie sich: Waren nicht diejenigen Erfolge am angenehmsten, für die Sie hart kämpfen mußten? Waren nicht diejenigen Weihnachtsfeiern die schönsten, bei denen Sie vor der Tür warteten und nicht wußten, was die Bescherung bringen würde? Und wie wohlig war die angenehme Entspannung nach der Auflösung der Rätsel in Kinderzeiten. Der Verhaltensforscher Konrad Lorenz schrieb einmal, unsere Gesellschaft neige sehr stark „zur Vermeidung von Unlust". Wir sind nicht mehr bereit, die Frustrationen unerfüllter Bedürfnisse in Kauf zu nehmen, und die Anspannung der Geistes- und Körperkräfte zur Erlangung „kleiner Siege" scheint uns unpassend und mühsam. Doch gerade für Kinder ist es wichtig, einen gesunden Leistungswillen zu entwickeln und für den Erfolg manchmal auch zu kämpfen. Damit reift auch die Erkenntnis, daß es lohnend sein kann, sich für etwas zu plagen und daß die anschließende Entspannung dafür stets der Lohn ist. Nur derart geschulte Kinder werden im Berufsleben nicht von Versagensängsten geplagt sein – sie haben gelernt, daß Aktivität und Passivität Bestandteile eines gesunden Lebensrhythmus sind. Sie stellen die Leistung nicht absolut, aber sie streben sie mit all ihren Kräften an.

Ebenso wichtig wie der stete Wechsel von Spannung und Entspannung ist die Erkenntnis, daß sich die Welt nicht allein um uns dreht. Wir müssen lernen, uns und unsere Ziele nicht immer allzu wichtig zu nehmen – wir müssen die nötige Gelassenheit entwickeln. Gelassenheit muß nicht bedeuten, sich einfach gehen zu lassen. Sie ist auch nicht identisch mit Wurstigkeit oder gar Apathie. Sie ist vielmehr die heitere Einsicht, daß wir begrenzt und unzulänglich sind. Die Gelassenheit gibt uns die Heiterkeit und das richtige Maß für die Dinge, die wir nicht ändern können; sie ist irgendwie verwandt mit dem Humor, dem „Schwimmgürtel auf dem Strom des Lebens". Die Gelassenheit ist der Kontrapunkt zu der Übergeschäftigkeit, die uns manchmal zu erfassen droht.

Gelassenheit ist ein Pol der Lebenseinstellung. Er bedeutet, sich hin und wieder mit dem Wassertropfen zu identifizieren, der im großen Meer aufgeht, der Schneeflocke, die zerschmilzt. Eine fast fernöstliche Einstellung des Ein- und Aufgehens ins Ganze.

Auf der anderen Seite steht aber wieder die vielleicht ebenso notwenige Haltung des Sich-Ernstnehmens, das Wissen um die eigene Einmaligkeit, zum Beispiel die Freude darüber, daß man selbst in einer gewissen Weise den Endpunkt eines endlosen Stammbaumes darstellt, daß wir einen Namen bekommen haben. Einmalig sind wir, weil jeder einzeln von Gott gerufen ist.

Lebenshilfe besagt also, Erfahrungen zu machen, das „kleine Glück" zu erleben, die Freude auszukosten, sich um etwas zu bemühen, etwas zu suchen und zu finden; Hilfe fürs Leben ist die Ruhe, die man sich nach einem anstrengenden Tag gönnen kann, einmal liegen bleiben zu dürfen, wenn der Wecker schon rasselt, einen schattigen Platz zu finden, wenn die Sonne recht brennt, nach einer langen Wanderung aus einer Quelle zu trinken, jemanden, auf den man gewartet hat, wiederzusehen ...

So dürfen also die Spannungspole unseres Lebens nicht dazu führen, daß wir die kleinen Freuden, die in der Ruhe und Besinnung liegen, ganz vergessen. Ein Bogenschütze wird weder mit einem überspannten Bogen, der zu Bruch geht, sein Ziel treffen, noch mit einer schlaffen Sehne. So sollten wir also Freude an unserer von Gott gegebenen Einmaligkeit empfinden und uns dennoch bemühen, gelassen und heiter mit den Schwierigkeiten des Daseins fertig zu werden. Und sollten Sie für eine derartige Einstellung ein

Wort aus den Neunzigern benötigen – bitte schön, da ist das gesuchte Wort: Souveränität.

4.3. Vom Wert des Fragens

Vielleicht haben Sie schon die alte, erheiternde Geschichte gehört, in der ein Bub seinen Vater bei einem Spaziergang durch München alle Nase lang etwas anderes fragt: „Papa, was ist denn das für eine Kirche?", „Papa, wie heißt denn der Brunnen, was ist denn das für eine Säule, für wen ist denn dieses Denkmal?" Der Vater weiß leider auf keine dieser Fragen eine Antwort, und als das Kind trotzdem immer weiter fragt, greift die Mutter ins Geschehen ein: „Jetzt hör doch endlich auf und laß dem Papa seine Ruhe!" Der aber meint: „Macht doch nichts, laß den Buben doch fragen, damit er etwas lernt."

So sehr wir über diesen Papa auch schmunzeln mögen, und so klein der Wissenszuwachs des Buben auch war, so steckt in der Geschichte doch eine wichtige Erziehungswahrheit: „Fragen macht klug". Ein Kind erobert sich seine Welt grundsätzlich nur durch Fragen und ist, wie es die britische Zeitung „Times" unlängst formulierte, „eine Insel der Neugier, umflutet von Fragezeichen". Selbst Dinge, die uns selbstverständlich erscheinen mögen, sind den Kindern noch Fragen wert, und an dieser naiven Wißbegierde können wir ermessen, inwieweit sich die kindliche Sicht der Dinge von der unsrigen unterscheidet. Somit wäre es auch ein großer Erziehungsfehler, den Kindern bei ihren Fragen ein Gefühl der Sinnlosigkeit zu vermitteln. Die Folge könnte sein, daß sie sich das Fragen im Laufe der Zeit abgewöhnen und sich ihrer Neugier schämen. Dort, wo der Mensch aufgehört hat zu fragen, wo ihm alles selbstverständlich und fraglos erscheint, hat er auch aufgehört, sich zu wundern. Damit büßt er einen Großteil der Lebendigkeit seines Denkens ein. Hängt nicht auch die heute häufig beklagte Sprachlosigkeit damit zusammen, daß wir einander nicht mehr fragen können? Zugegeben, bei der Begrüßung fallen schon Worte wie „Na, wie geht's?“ oder „Alles in Ordnung?“ Doch dies sind leere Floskeln geworden, auf deren Beantwortung wir meistens gar keinen rechten Wert legen, geschweige denn, daß wir darauf warten.

Und doch geben uns nur Fragen die Möglichkeit, uns auszusprechen. Es tut einfach gut, wenn wir merken, daß unser Gegenüber an unseren Fragen und Antworten interessiert ist. Große Probleme entstehen erst dadurch, daß wir kleine Fragen nicht mehr stellen, und auch zwischen den Generationen ließen sich viele Mißverständnisse vermeiden, wenn wir die Geduld zum Fragen aufbringen könnten. Dazu gehört ein „Wie war das damals bei euch?“ von jung zu alt ebenso, wie ein „Ich komme da gar nicht mehr so recht mit: Wie ist das eigentlich heute bei euch?“ von alt zu jung. Fragen zu stellen bedeutet, Interesse am anderen zu haben. Ohne unnötig Schuldzuweisungen zu verteilen, muß in diesem Zusammenhang auch die Frage erlaubt sein, ob die Medien uns heute nicht schon derart viele Antworten vorsetzen, daß man selbst gar nicht mehr zum Fragen kommt. Was der Schriftsteller, Regisseur und Schauspieler Peter Ustinov über Computer sagte, mag durchaus auch für die Medien im allgemeinen zutreffen: „Bisher wurde der Mensch durch die Fragen gepeinigt, für die es keine Antworten gab; durch die Computer werden wir jetzt mit Antworten überschüttet, für die wir nicht einmal die Frage stellen können.“

Jedes Wissen – und vermutlich auch jeder Glaube – endet letztendlich in einer Frage: „Fragen sind es, aus denen das, was bleibt, entsteht“, sagte Erich Kästner. In einer Zeit, in welcher der sogenannte „Sinnverlust“ zum dominierenden Thema geworden ist, wäre es sicherlich nicht verkehrt, sich an einige wichtige Fragen wieder heranzutasten: „Was können wir überhaupt wissen? Woran glauben wir heute noch? Worauf gründen wir unsere Hoffnung? Was können wir tun, um unserem Leben einen Sinn zu verleihen?" Sind wir zu eitel, zu aufgeklärt oder einfach zu eingebildet, um derartige Fragen noch zu stellen? Dazu gibt es ein schönes Sprichwort: „Wer fragt, ist ein Narr für fünf Minuten, wer nicht fragt, bleibt ein Narr für immer!"

Wir Erwachsenen können viel vom unbefangenen Fragedrang des Kindes lernen, sogar dann, wenn wir beim zweitausendsten „Warum" die Waffen strecken müssen und Antworten schuldig bleiben. Hüten wir uns davor, die Neugierigen „niederzubügeln", lachen wir nicht über scheinbar sinnlosen Wissensdrang und bleiben wir auch in der Wiederholung geduldig. Es sind unsere Antworten, an denen uns unsere Kinder eines Tages messen werden; zumindest in der kindlichen Welt sollten wir dem „Frageverlust" keinen Vorschub leisten.

4.4. Die Seligkeit der Kinder: Das Spielen

In welch vielfältigen Kombinationen ist doch das Wort „Spiel" enthalten: Gedankenspiele, Theaterspiel, Spieltrieb, Spielautomat, Glücksspiel, Computerspiele, Spielkarten ... Die Liste ließe sich mühelos um einiges verlängern und beweist eindrucksvoll, welch gewaltigen Stellenwert das „Spiel" im menschlichen Denken besitzt. Immer wieder wurde versucht, das Spiel als etwas Zweckfreies zu definieren. Es sei, so erklärten Philosophen und Denker verschiedener Epochen, ein „dem Menschen innewohnendes Prinzip" und der homo sapiens sei auch ein „homo ludens", ein spielender Mensch. Friedrich Schiller sagt sogar: „Der Mensch ist nur dort wirklich Mensch, wo er spielt."

Immer wieder wurde auch das Leben an sich mit einem „großen Spiel" verglichen. In seinem berühmten Gedicht „Das Schachspiel" schrieb Jakob Balde: „Wir spielen und werden gespielt." Er nährt damit natürlich auch ein wenig die Furcht des modernen Menschen vor dem Spiel: So, wie es immer Sieger gibt, so gibt es auch immer Verlierer, und nicht jedes Spiel ist harmlos genug, um die Niederlage mit einem Lächeln wegstecken zu können. Doch diese dunkle Seite des menschlichen Spieltriebes ist hier nicht unser Thema, auch wenn Kinder gerade bei ihren kindlichen Spielen frühzeitig lernen können, mit Niederlagen fertig zu werden.

Wenn ich zurückdenke an die Spiele meiner Kindheit, dann fällt mir ein, daß es damals keine von Spielzeug überquellenden Kinderzimmer gab. Doch obwohl die Spielzeugindustrie heute Hochkonjunktur hat, wurde damals sicherlich mehr gespielt als heute. Während die bunten Inhalte der heutigen Kinderzimmerregale häufig schon nach wenigen Minuten nur noch Dekoration sind, wurde früher auch ein Gegenstand zum Objekt der kindlichen Begierde, der zunächst in keiner Weise an ein Spielzeug erinnerte. Ob Stock oder Stein – in Kinderhänden wurden sie zu Schwert und Diamanten, und dafür verantwortlich war die reiche, kindliche Phantasie. Sie scheint heute wenig gefragt und gefordert zu werden, denn eine sprechende Puppe plappert phantasielose Phrasen und ein aufgezogener Roboter-Soldat bewegt sich unabhängig von den helfenden Händen seines kleinen Besitzers.

Das perfekte Spielzeug

Ich halt' mich beim Geschenkekauf
im Spielzeugladen gerne auf.
Was es da alles gibt,
was man da alles sieht:
Puppen, die reden und essen können
und ganz alleine im Zimmer rumrennen,
Karusselle, die vollautomatisch sich drehen,
Spielautomaten, die selbständig gehen,

ein Flugzeug, das von selber fliegt
und allein jede Kurve richtig kriegt,
einen elektrischen Zug, der fährt wie geschmiert.
Alles perfekt, alles funktioniert.
Man drückt auf den Knopf, und schon läuft alles nun.
Und das Kind hat es gut, es braucht nichts mehr zu tun.
Es läßt dem perfekten Spielzeug den Spaß
und kann dann inzwischen spielen mit was.

Es ist also keinesfalls nostalgisch verklärte Rückschau, wenn ich fordere: Weg mit den phantasietötenden „Ruhigstellern" in den Kinderzimmern. Ebenso energisch möchte ich aber auch einer weiteren, weit verbreiteten Unsitte entgegentreten: dem „pädagogisch wertvollen Spiel". Schon seit geraumer Zeit geistert durch zahlreiche Intellektuellen-Haushalte der Republik die Ansicht, daß bei einem Spiel immer „etwas rauszukommen" habe, denn bloßes Spielen sei ja schließlich eine Art Zeitverschwendung. Durch diese These ist eine eigene „Wertspielindustrie" entstanden, die für jedes Alter die passenden Antworten auf Lager hat. Mittels bestimmter Karten, Bilder oder Bausteine wird das Kind in angeblich spielerischer Form schon frühzeitig an das Lesen, Rechnen und ans logische Denken herangeführt. Das Ergebnis ist abrufbar und kann von den stolzen „Besitzern und Investoren" des Sprößlings jederzeit überprüft werden. Eines aber haben diese sogenannten Spiele durch die Bank gemeinsam: Sie sind in der Regel sterbenslangweilig.

Kehren wir nun doch noch einmal zum Gedanken zurück, daß das Spiel mit dem Leben verglichen werden kann. Wie im Leben gibt es einen Anpfiff und einen Abpfiff, einen Start und ein Ziel, einen Anfang und ein Ende. Es steht uns nur eine begrenzte „Spielzeit" zur Verfügung. Wie im Leben wird das alleinige, das einsame Spielen auf Dauer zu langweilig; Spielgemeinschaften, echte Verbündete und echte Gegner, Mannschaften, Cliquen und Familien machen das

Spiel wie das Leben zu einem „Erlebnis“ im eigentlichen Sinne, denn nur in schlechten Romanen ist der einsame Wolf ein glücklicher Held. Beim Spielen bekommen wir unsere Chancen und Möglichkeiten, die wir ergreifen oder auslassen können, und es erfordert unseren Einsatz, unsere Geduld und unseren Willen. Gleichzeitig ist Spiel aber auch „Glücksspiel“, denn nicht alles ist mit den eigenen Kräften zu bewerkstelligen. Außerdem gibt es natürlich auch die Spielverderber – entweder diejenigen, die das Spiel überhaupt nicht ernst nehmen können und wollen, oder solche, die es gar zu „verbiestert“ sehen. Im Spiel wie im Leben entscheiden Kreativität, Geschicklichkeit, Freude, Fleiß, Mut und Gewandtheit. Gefordert wird der „ganze Mensch“; so gesehen, dürfte das spielende Kind eines sicherlich nicht nötig haben: Die Frage nach dem Sinn des Spiels.

Als Eltern haben Sie nicht nur die Möglichkeit, sondern auch die Pflicht, Ihre Kinder im Spiel gewähren zu lassen. Seien Sie tolerant, wenn neue Spielregeln ersonnen werden, ermöglichen Sie Triumphe und trösten Sie in Niederlagen. Setzen Sie sich mit der „Spielewelt“ Ihrer Kinder auseinander und versuchen Sie nicht, verzweifelt am Rad der Zeit zu drehen: Fernsehen und Computerspiele werden sich nicht mehr abschaffen lassen, aber es ist Ihre Pflicht und Schuldigkeit, Ihren Kindern die Alternativen aufzuzeigen. Spiel ist Phantasie, Spiel ist Kommunikation, Spiel ist Lebensfreude: Ihre Kinder sollten nicht vereinsamen.

4.5. Ohne Pflichten: Das Recht auf Traum und Phantasie

Michael Ende: „Wir wissen inzwischen: Wer längere Zeit am Träumen gehindert wird, verliert buchstäblich den Verstand. Könnte es nicht sein, daß unsere Gesellschaft an eben dieser Krankheit leidet?“

Ich möchte mir nicht anmaßen, die Fehler und Übel der Menschheit mit „Traumberechtigungsscheinen“ kurieren zu können, doch egal, ob im schlafenden oder wachen Zustand: Träume gehören zur menschlichen Realität wie das Atmen und das Essen. Allerdings sind sie wesentlich schwieriger zu verstehen, denn während das Luftholen und die Nahrungsaufnahme sehr unmittelbar zum Überleben beitragen, umgibt die Träume ein geheimnisvolles Flair. Sie scheinen nie vollständig erforschbar zu sein, nicht zuletzt deswegen stellen wir sie gern in einen Gegensatz zur Realität, zur sogenannten „harten Wirklichkeit“. Und in dieser „harten Wirklichkeit“ scheint für Träume kein rechter Platz mehr zu sein, denn angeblich sind „Träume nur Schäume“; schon den Kindern gegenüber wird behauptet: „Träumen bringt doch nichts!“

Doch da wir ganz ohne Träume offensichtlich nicht leben können, liefern uns die sogenannten „Traumfabriken“ ständig Fertigprodukte ins Haus. Diese haben allerdings den entscheidenden Nachteil, daß sie uns das Denken und das „Vorstellen“ beinahe komplett abnehmen und außerdem in so rascher Folge wechseln, daß wir sie weder zu Ende träumen noch verarbeiten können. Bilder, die uns die Bildschirme und Leinwände vermitteln, rauschen durch unsere Sinnesorgane hindurch und hinterlassen letztendlich nicht mehr als ein paar innere Abschürfungen.

Echte Träume und Phantasien hingegen sind ebenso Grundvermögen wie Grundbedürfnisse des Menschen. Er ist nicht zuletzt deshalb Mensch, weil er sich etwas vorstellen kann. Der Schriftsteller Adolf Muschg bezeichnet die Phantasie als „schauende Kraft“, als das „eigentlich Schöpferische im Menschen“ und als den „Überfluß, der die Schönheit des Lebens ausmacht“. Doch ungeachtet derartiger Einsichten und der durchaus geläufigen Erkenntnis, daß nur Abstraktionsvermögen und Vorstellungsgabe den Menschen über das Tier erheben, neigen wir dazu, uns das Leben „phantasielos" einfach einzurichten. Ein Beispiel dafür mag das derzeit modische „Multiple-choice-Verfahren" sein. Bei diesem Fragetest, der an unseren Universitäten schon ebenso Einzug gehalten hat wie in den diversen „Psychotests" der verschiedensten Illustrierten, werden bei einer Frage drei Antworten zur Auswahl vorgelegt. Nur eine davon ist die richtige – bitte ankreuzen. Doch so einfach wie dieses Wissensabfrageverfahren ist das Leben glücklicherweise nicht. Wir können nicht so tun, als wäre unsere Existenz ein ewig währender Wahlsonntag, bei dem wir nur unser Kreuzchen an der richtigen Stelle machen müssen und damit unsere Schuldigkeit getan haben. Es ist vielmehr wichtig, über richtig und falsch nachzudenken, sich Gedanken zu machen über Kompromisse, Alternativen und neue Wege – und dann Beziehungen herzustellen. Wenn man die Phantasie und die Kreativität ausklammert, muß man sich nicht wundern, daß viele Menschen über Langeweile, Leere und fehlende Orientierung klagen.

Wo man Traum und Phantasie verbannt, werden bald gravierende Mangelerscheinungen zutage treten. Gerade in unserer hochtechnisierten Zeit ist es notwendig, die ursprüngliche Kraft des Menschen zu stärken. Schon Altbundespräsident Theodor Heuss stellte fest: „Eines Tages werden Maschinen vielleicht denken, aber sie werden niemals Phantasie haben." Erst die Phantasie macht den Menschen frei, stark und schöpferisch, und letztendlich versetzt auch nur sie ihn in die Lage, Materie, Zeit und Raum zu überwinden. Wo wäre die Wissenschaft ohne die Illusionen einiger begabter Träumer? Hätten wir uns in die Lüfte erheben können ohne Phantasie? Könnten wir ohne den entsprechenden Traum über Tausende von Kilometern miteinander kommunizieren?

Die Phantasie ist die Grundlage des Fragens, die dem Leben Farbe und Würze verleiht. Dort, wo sie gänzlich fehlt, wo sie ausgerottet und verlacht wird, dort greifen die Kinder zu Drogen in Pillen- oder Pulverform oder zur Spritze. Nur weil ihnen das einen Ausflug, einen „Trip“ hinaus aus ihrer trostlosen Gegenwart, aus einer erbärmlichen Wirklichkeit verspricht, wagen sie diese gefährlichen, so verlokkend einfach zu machenden und am Ende oft tödlichen Reisen. Gibt es denn wirklich nirgends eine „Schule der Phantasie“, wie sie der Münchner Kunstprofessor Rudolf Seitz propagierte? Sollen denn aus unseren Lernfabriken immer mehr Menschen herauspurzeln, die phantasieloser sind als die Schaufensterpuppen in den Warenhäusern? Es muß sich doch eine Lösung gegen diese geistige Verarmung finden lassen!

4.6. Zehn Ohrfeigen und ein Gedicht

Bücher, die sich als Ratgeber verstehen, haben häufig einen großen Nachteil: Man muß sie sehr aufmerksam lesen, um mit ihnen etwas anfangen zu können. Und das, obwohl doch gerade dafür die Zeit fehlt – vor allem dann, wenn man Kinder hat und sich lieber mit ihnen beschäftigt als mit theoretischen Anleitungen. Aus diesem Grund will ich hier einige „Watschen für Erzieher“ verteilen, die Sie leicht beherzigen können. Sie sind als kleine Zusammenfassung meiner Ansichten gedacht. Wenn sie Ihnen gefallen, können Sie die „Watschen“ kopieren und an einer Stelle aufhängen, auf die Ihr Blick immer wieder fällt.

Watschen für Erzieher

Nummer 1:
Denken Sie daran, daß Kinder meistens klüger sind, als man denkt.

Nummer 2:
Erfinden sie keinen Erzieher namens „MAN", wenn Sie selbst nicht in der Lage sind, angemessen auf Ihr Kind zu reagieren.

Nummer 3:
Wenn Ihr Kind Sie auslacht, lachen Sie mit! Sie sind schließlich bloß ein Erwachsener.

Nummer 4:
Wenn Sie das Spielen verlernt haben, bemühen Sie sich wenigstens, es von Ihren Kindern wieder zu erlernen. Spielen Sie mit!

Nummer 5:
Verbieten Sie Ihren Kindern nicht den Mund! Ihre Fragen sind viel schlauer als die Antworten von Erwachsenen.

Nummer 6:
Zeigen Sie Ihren Kindern, was Freude ist und Glück bedeutet! Alles andere lernen sie ohnehin früh genug.

Nummer 7:
Selbst wenn Sie nicht mehr können: Verwehren Sie Ihren Kindern nicht, das Gute zu sehen, zu erkennen und zu tun.

Nummer 8:
Der Hinweis auf Gott sollte in Ihrer Erziehung nicht fehlen, auch wenn Sie selbst Schwierigkeiten haben. Verbauen Sie Ihren Kindern nicht den Zugang zu wertvollen Welten!

Nummer 9:
Vertrauen Sie dem gesunden Menschenverstand und nicht den sogenannten Experten! Ihr Kind ist kein Experimentierfeld der Pädagogik.

Nummer 10:
Sehen Sie die Welt mit den Augen eines Kindes! Sie werden eine Menge lernen und Ihren Kindern ein Freund sein können.

Wünsche eines Kindes

Ich wünsch' mir einen langen Tag
ganz ohne alle Uhren
und auch Erwachsene,
die nicht stets auf Termine luren.
Ich wünsch mir Papa mit viel Zeit
für mich und meine Fragen
und daß Erwachsene nicht so oft
nur jammern oder klagen.
Ich wünsch' mir, daß man mich mal fragt,
warum ich manchmal weine.
Ich wünsch' mir, daß man mir mal sagt:
„Ich mag dich, meine Kleine!"
Ich wünsch' mir, daß man nicht stets mahnt:
„Nicht jetzt doch, denk an später!"

Ich wünsch' mir, daß ich ich sein darf
und nicht ein „MAN" und „Jeder".
Ich wünsch' mir Lehrer mit Humor
und solche, die gern lachen,
daß ich nicht nur gescheit sein muß,
mal träumen darf im Wachen,
frohe Gesichter um mich rum,
die nicht im Alter rosten.
Bekomm' die Wünsche ich erfüllt?
Wohl kaum, weil sie nichts kosten.

IV.
Ein nützlicher Anhang – Erziehungshilfe in Geschichten und Gedichten

1. Dem Wahren Geltung verschaffen

1.1. Danke

Gras und Blumen, Wiesen, Felder,
Bäume, Sträucher, grüne Wälder,
zwischen allen dunklen Hecken
kann ich Herrliches entdecken.

Farbe sehen, Lieder hören,
sprechen, singen, Wärme spüren,
wachen, schlafen, träumen, denken,
Liebe fühlen, Liebe schenken.

Daß ich atme, laufe, spiele,
sehe, höre, rieche, fühle,
daß ich kommen durfte, werden,
daß ich da sein darf auf Erden.

Dafür, daß die Welt mir offen,
daß ich glauben darf und hoffen,
daß ich staunen kann und fragen,
Grund stets habe, Dank zu sagen.

Daß mir Leben ward gegeben,
ja man sprach zu meinem Leben,
dafür möcht' an allen Tagen
immer wieder Dank ich sagen.

1.2. Tests

Tests sind heilige Kühe in unserer Gesellschaft. Es gibt allmählich kaum noch jemanden, der nicht durch einen Test gegangen (worden) wäre. Man testet Schulreife, Intelligenz, Reaktionsschnelligkeit, Eignung zur Ehe usw.

Die Testitis beginnt meist schon früh mit der Vielzahl der heute fürs Kleinkind angebotenen Lernspiele. Damit sollen Eltern unter anderem die Intelligenz ihres Kindes feststellen und fördern können. Beliebt sind Spiele, in denen die Kinder etwas zuordnen müssen oder abstrahieren sollen. Da ist zum Beispiel ein Spiel, bei dem auf zwei oder mehr Plättchen eine Frucht aufgemalt ist, auf anderen Plättchen Tiere, Pflanzen, Menschen ... Intelligenz wird dann dem Kind bescheinigt, das in möglichst kurzer Zeit einen Apfel, eine Birne, eine Orange und eine Banane unter dem Oberbegriff Obst zusammenlegt. So wurde die Intelligenz vom psychologischen Berater des Spiels eingespeichert. Ich habe nun erlebt, daß Kinder ganz andere Zuordnungen vornehmen: den Hund nicht zu Katze oder Pferd, sondern zu einem Mann und die Birne zu einer Frau. Darüber befragt, gibt das Kind Auskunft: Das ist doch der Struppi von Herrn M. Und: Das ist doch die Frau N., die mir immer eine Birne schenkt. Auch bei Reifetests kann man erleben, daß sich Kinder oft mehr einfallen lassen als die mit spezialwissenschaftlichen Scheuklappen ausgerüsteten Testprogrammierer. Da zeichnet ein Kind an eine Katze nicht, wie als Intelligenzleistung erwartet, ein Schwänzchen, sondern einen Kreis daneben. Intelligenz Fehlanzeige? Denkste! Das befragte Kind meint: „Schau die dürre Katze an, die muß doch erst zu fressen kriegen. Ich hab' ihr ein Schüsselchen mit Milch dazugezeichnet."

Bei einem anderen Test sollte das Verständnis für Größenzuordnungen untersucht werden. Die „Testperson" stellte aber nicht eine Zuordnung des abgebildeten größeren Kindes mit dem größeren Päckchen und des kleineren mit dem kleineren Päckchen her, sondern verband großes Kind mit kleinem Päckchen und kleines Kind mit großem Päckchen. Begründung: „Sonst nehme ich meiner kleinen Schwester immer alles weg. Diesmal soll sie das größere Geschenk bekommen."

Hier wird bereits die Schwäche so vieler Tests sichtbar. Es können nur ganz bestimmte Kenntnisse erfaßt werden. Soziales, Kreatives, Phantasie, Ethisches ... entzieht sich einer solchen Überprüfung. Dessen ungeachtet haben Ausflüsse dieses Testdenkens bereits Eingang auch in den Schulalltag gefunden, vor allem in der Form der Arbeitsblätter. Da wird keine Heftseite mehr frei gestaltet. Lehrer oder Verlage haben bereits die Hauptgestaltung übernommen. Das Kind darf oder muß lediglich noch anstreichen, ausfüllen, ausmalen oder ankreuzen. Zur Überprüfung der Kenntnisse besonders beliebt ist ein nach dem Multiple-choice-Verfahren erstelltes System, das jeder kennt, der die Führerscheinprüfung gemacht hat. Zu einer Frage sind drei Antworten vorgegeben. Davon ist eine blöd, eine halbblöd und eine richtig. Z. B.: PKW heißt a) Parkender Kinderwagen, b) Postkutschenweg, c) Personenkraftwagen. Ich habe reizende Unterrichtsstunden erlebt, die mit den als so wissenschaftlich geltenden Arbeitsblättern leider zu einem unrühmlichen Ende kamen. Jene bekannte Geschichte, in der sich zwei Ziegen auf einem Steg begegnen und keines der widerborstigen Wesen dem andern ausweichen will, so daß beide schließlich in den Bach plumpsen – eine Geschichte, die den Kindern immer großen Spaß bereitet und mit der man viel für die Einübung sozialer Verhaltensweisen tun kann –, wurde im Multiple-choice-Verfahren, weil leicht zu überprüfen, so zusammengefaßt: Die Ziegen begegneten sich a) auf einem Weg, b) auf einem Pfad, c) auf einem Steg. Man könnte noch viele lustige Beispiele nennen. Eigentlich ist aber vieles, was sich hier tut, gar nicht so lustig. Da ist zunächst einmal die schon vermerkte Gefahr, daß Kinder durch die mangelnde Gestaltungsmöglichkeit zu „Kreuzschreibern“ erzogen werden, daß durch die Einengung auf die drei Wahlmöglichkeiten ein einseitiges Weltbild vorgespielt wird, daß das Kind zu einer unkritischen Anpassung an Vorgegebenes geführt wird. Das größte Problem ist aber die in einer solchen Pädagogik bekundete Vorstellung vom Menschen als einem total testierbaren, kontrollierbaren Wesen. Kein Wunder, daß die Welt für viele junge Menschen keine Entfaltungsmöglichkeiten mehr zu bieten scheint, daß sich viele auf gefährlichen Wegen unserer Gesellschaft zu entziehen suchen.

1.3. Der kleine Prinz beim Pädagogen

„Guten Tag“, sagte der kleine Prinz. „Sprich einen ganzen Satz!“ befahl der Pädagoge. „Es heißt: Ich wünsche dir einen guten Tag. Sag es langsam nach!“ „Ich wünsche dir einen guten Tag“, sagte der kleine Prinz artig. „So ist es recht“, sagte der Pädagoge und zog ein Büchlein aus der Tasche. „Was hast du da?“ fragte der kleine Prinz. „Ich trage dir eine gute Note für gutes Betragen ein“, antwortete der Pädagoge. „Willst du in meine Schule gehen?“ fragte er. „Was muß ich denn da tun?“ fragte der kleine Prinz. „Du mußt zunächst einen Eignungstest machen.“ „Eignungstest, was ist das?“ fragte der kleine Prinz. „Ich muß kontrollieren, ob du lernfähig bist.“ „Lernfähig wozu?“ fragte der kleine Prinz. „Das ist nicht so wichtig“, sagte der Pädagoge, „das Wichtigste ist, es läßt sich leichter kontrollieren." „Gut", sagte der kleine Prinz, „dann fange an, mich zu testen."

Der Pädagoge reichte dem kleinen Prinzen ein Arbeitsblatt. „Lies den Text leise durch und kreuze die richtigen Antworten an", befahl er. „Aber", sagte der kleine Prinz, „ich kann doch gar nicht lesen". Der Pädagoge war empört. „Du willst in die Schule und kannst noch nicht lesen? Was hast du denn für eine Frühförderung gehabt?" „Frühförderung, was ist das?" wollte der kleine Prinz wissen. „Frühförderung, das heißt, daß wir Pädagogen festgestellt haben, daß es notwendig ist, Kindern vor der Schule das Lesen, Rechnen und logische Denken beizubringen, damit sie das nicht erst in der Schule lernen müssen."

„Und was lernt man dann in der Schule?" fragte der kleine Prinz. „Die Schule baut", sagte der Pädagoge, „auf der Vorschule auf und kann sich dann wissenschaftlichen Dingen zuwenden. Sie bereitet so vor auf die weiterführenden Schulen. So spart man eine Menge Zeit. Was hast du denn in deiner Vorschulzeit bisher gemacht?" fragte er den kleinen Prinzen. „Ich habe gespielt." „Spielen ist Zeitverschwendung", sagte der Pädagoge. „Waren es wenigstens Lernspiele?" „Das weiß ich nicht", sagte der kleine Prinz, „ich habe zum Beispiel gemalt. Willst du es sehen?" fragte er und zeichnete dem Pädagogen sein Bild mit der Schlange, die einen Elefanten gefressen hat. „Na gut", meinte der Pädagoge, „das ist wohl die Umgrenzung von Nullelementen in einer Menge." „Elemente von was?" „Hast du noch nie etwas von Mengenlehre gehört? So wirst du den Numerus clausus nie schaffen." Der kleine Prinz schaute fragend.

„Schon gut", meinte der Pädagoge, „ich will es dir erklären. Das Wichtigste im Leben ist die rechtzeitige Vorbereitung. Die Vorschule bereitet auf die Grundschule, die Grundschule auf die weiterführende Schule, die weiterführende Schule auf die Universität, die Universität auf den Beruf vor. Hast du verstanden?" „Und auf was bereitet der Beruf vor?"

fragte der kleine Prinz. „Auf die Pension natürlich." „Und die Pension?" „Du bist aber ein entsetzlicher Quälgeist", sagte der Pädagoge. „Wenn jemand in seinem Leben etwas geleistet hat, wird er auch seinen Ruhestand zu nützen wissen, damit die Leute einmal an seinem Grab sagen können, er habe ein erfülltes Leben gehabt." „Komisch", sagte der kleine Prinz, „ich habe den Eindruck, jemand, der immer nur vorbereitet wird, hat nie Zeit gehabt zu leben."

„Das verstehst du noch nicht", sagte der Pädagoge schroff. „Sag mir lieber, was du bisher noch geleistet hast. Bringst du wenigstens ein biologisches Wissen mit? Welche Pflanzen und Tiere kennst du?" „Ich habe auf meinem Planeten eine Rose." „Es gibt viele Rosenarten", entgegnete der Pädagoge. „Ich habe hier ein Arbeitsblatt über Rosen. Da du nicht lesen kannst, will ich es dir vorlesen:

1. Arbeitsaufgabe. Meine Rose ist a) eine Pfingstrose, b) eine Polyanderrose, c) eine Heckenrose, d) eine Hochstammrose. Kreuze die richtige Antwort an!

2. Arbeitsaufgabe. Welche chemischen Prozesse vollziehen sich bei der Nahrungsaufnahme der Rose? Du hast wieder mehrere Antworten zur Auswahl.

3. Bilde mindestens 5 zusammengesetzte Hauptwörter mit Rose wie Rosenkohl, Rosenduft!

„Meine Rose duftet sehr gut", unterbrach ihn der kleine Prinz. „Guter Duft ist im kognitiven Erfassungsbereich nicht vorgesehen, der läßt sich schlecht kontrollieren und gehört daher nicht in den Lernzielkatalog", winkte der Pädagoge ab. „Ich mag meine kleine Rose", sagte der kleine Prinz, „und denke immer darüber nach, wie ich sie vor dem Schaf auf meinem Planeten schützen kann." „Über Pflanzenschutzmittel sprechen wir dann im chemischen Sachkundeunterricht. Du wirst sehen, das ist sehr interessant." „Und ich freue mich jeden Tag an meiner Rose!" „Freude ist ein affektives Lernziel. Das ist nicht so wichtig, aber von mir aus darfst du am Schluß der Unterrichtsstunde auch Freude über Rosen empfinden. Ich werde schon einen Weg finden, wie ich kontrollieren kann, ob deine Freude lernzielspezifisch war." „Ich will mich aber nicht nur freuen, wenn es auf deinem Plan steht", sagte der kleine Prinz. „Zur ständigen Freude haben wir leider keine Zeit, sonst erreichen wir unsere Lernziele nicht", sagte der Pädagoge unwirsch. „Und wenn wir die nicht erreichen, bist du lebensuntüchtig. Nicht für die Schule, sondern für das Leben lernen wir." „Du hast recht", sagte der kleine Prinz, „darum glaube ich, ist deine Schule doch nichts für mich." Und er machte sich wieder auf die Reise.

„Halt, halt!" rief ihm der Pädagoge nach. „Du hast noch gar nicht gehört, wie meine didaktische Analyse weitergeht und welche Lernziele ich noch vorgesehen habe: Rechnen mit Rosenkranzperlen im Religionsunterricht, Mikroskopieübungen bei Rosenblättern, Bestimmung der Kadenzen im Lied ‚Sah ein Knab ein Röslein stehn', über Bräuche sprechen und Freude über den Rosenmontag empfinden, das literarische Werk Herbert Rosendorfers würdigen lernen ..."

Aber das hörte der kleine Prinz nicht mehr, denn er hatte sich ganz schnell davongemacht, um nicht noch eine Neurose zu bekommen.

2. Das Schöne suchen

2.1. Schau am Morgen in den Spiegel ...

Erziehung, hat jemand gesagt, ist umsonst; die Kinder machen einem doch alles nach. Heißt das nicht, daß Erziehung bei jedem von uns selbst beginnt, bei der Art, wie wir die

Welt anschauen, wie wir durch die Welt gehen? Ob wir muffelig und blind dahinleben, oder ob wir mit offenen Augen, mit Klarheit, Liebe und Humor unsere Tage gestalten – die Kinder leben mit uns und nehmen unbewußt viel mehr auf, als wir mit klugen Worten und pädagogischen Strategien vermitteln können. Schauen Sie am Morgen doch einfach einmal in den Spiegel – der Kinder wegen, aber nicht nur der Kinder wegen, auch wegen Ihres ganz persönlichen Glücks.

Da gilt es zunächst einmal zu bedenken, wieviel Dankenswertes es doch jeden Morgen gibt, über das wir uns immer wieder neu freuen können. Wieviel Schönes es gibt, nehmen wir aber oft kaum noch wahr, weil es uns schon selbstverständlich geworden ist. Und die Selbstverständlichkeit ist häufig ein „Freuden-Hemmer", weil Freude meist am Besonderen aufblüht. Ist aber nicht jeder Tag etwas Besonderes, weil er wieder die Chance bietet, vierundzwanzig Stunden zu leben? Bringt er damit nicht eine Menge einmaliger Gelegenheiten, etwas Schönes zu erfahren, einem schönen Gedanken nachzugehen, etwas Gutes zu tun, vielleicht etwas vom kleinen Glück zu erfahren oder ein wenig davon auch anderen zu geben? Jeder Tag bietet viele Möglichkeiten, „Danke" zu sagen für die zahlreichen Annehmlichkeiten, die unsere geschmähte Zeit mit sich gebracht hat. Ist er nicht wie jene Wundertüte aus unserer Kindheit angefüllt mit Wundervollem, Staunenswertem, das es nur wieder zu entdecken gilt? Sei es nun, daß die Sonne jeden Tag neu nach ihrer Reise aus dem Osten zurückkehrt und nicht irgendwo im Morgenland hängengeblieben ist, sei es das Erlebnis zu beobachten, wie die Strahlen dieser Sonne jeden Morgen neues Leben in der Natur erwachen lassen. Auch wenn sie einmal nicht scheint, sie ist doch da, wir wissen, daß sie sich nur hinter Wolken versteckt hat. Und was nutzt es, sich über schlechtes Wetter zu ärgern? Unser Ärger verändert das Wetter nicht im geringsten, wohl aber unser zwischenmenschliches Klima. Es ist bestimmt nicht der schlechteste Vorsatz, an einem nicht so schönen Tag wenigstens in unsere menschlichen Beziehungen ein wenig Sonnenschein hineinzubringen. Haben Sie im übrigen schon einmal ausprobiert, wie hell auch ein grauer Tag werden kann, wenn uns mit einem Lachen oder Lächeln begegnet wird? Notfalls kann man ja in der Früh eine Gesichtsprobe vor dem Spiegel machen und nachschauen, ob man das Lächeln noch nicht verlernt hat. Und wenn man sich schon einmal zu einer Zwiesprache im Spiegel vor Augen hat, dann sollte man dem eigenen Gegenüber auch seinen Morgengedanken zurufen: Das ist *mein* Tag, mein Tag, an dem ich *mein* Leben gestalten kann, mein Tag, aus dem ich etwas machen kann. Und jeden Tag können Sie auch bei einem kleinen Spaziergang entdecken, daß Sie nicht nur Zeit, sondern auch viel Raum geschenkt bekommen haben. Auch wenn Sie kein Grundbesitzer sind, probieren Sie es einmal mit dem kleinen Trick von Sigi Sommer: „Wenn ich im Englischen Garten oder im Nymphenburger Schloßpark spazierengehe, dann denke ich mir manchmal: Das ist eigentlich mein Park. Und ich lasse die anderen Spaziergänger großzügigerweise auch herein. Die andern wissen das bloß nicht."

Entdecken Sie einmal, was es an jedem Tag noch alles ganz umsonst gibt. Nicht nur in der Natur, sondern auch im Kulturbereich. Viele Veranstaltungen, Ausstellungen und Museen sind heutzutage zum Nulltarif zu besuchen, man muß sie bloß entdecken wollen. Weil wir gerade beim Entdecken sind: Machen Sie einmal das Gedankenexperiment und fragen Sie sich, was Sie wirklich an einem Tag brauchen und wieviel es gibt, was man nicht braucht, was uns im Endeffekt nur belastet.

Den inneren Reichtum, den Sie sich erobern, erobern Sie nicht für sich allein. Sie werden bald feststellen, daß eine stille Ausstrahlung davon auf die Menschen übergeht, die mit Ihnen leben. Ihren Kindern können Sie nichts Besseres geben, als daß Sie wortlos den Sinn und das Glück teilen, das Sie leben.

2.2. Im Gras

Schau nur: Alles reift,
alles wächst, alles wird,
die Sonne läßt reifen,
die Erde gebiert.
Schau hin auf das Gras,
die Blumen im Feld,
und halte dich nicht
für den Nabel der Welt.
Glaub nicht, daß nur du,
nur du ganz allein,
alles machen mußt.
Laß dich ruhig einmal ein
aufs Seinlassen,
laß ruhig einmal los,
schalt ab und geh auf
im Ausschwingen bloß.
Laß dir Zeit und warte,
laß ab von der Hast,
wer nur rennt, wer nur hetzt,
hat das Schönste verpaßt.
Leg dich einfach ins Gras
und träum vor dich hin
und freu dich am Heute,
am Leben, am Sinn.

2.3. Die kleine Blume

Dicke Bücher sind darüber geschrieben worden, was das Schöne sei. In unserer Zeit tut man sich besonders schwer mit diesem Wort. Gerade in der Kunstszene hört man immer wieder von der Auffassung, man solle überhaupt auf diesen Begriff verzichten, weil es so schwer sei, das Schöne zu definieren. Wer könnte darauf antworten, wenn er gefragt wird, was das Schöne ist? Aber ganz darauf verzichten? Würden wir unser Leben nicht um das Lebenswerte schlechthin berauben, wenn wir das Schöne einfach aus unseren Überlegungen verbannen und uns nicht zumindest auf die Suche nach dem Schönen machen?

Das Schöne als etwas Abstraktes ist sicherlich nur sehr schwer zu erfahren. Aber es gibt doch viele Konkretisierungen des Schönen. Eine der eindrucksvollsten Verkörperungen des Schönen ist für mich die Blume. An sie, den Inbegriff einer geglückten Schöpfung, denke ich fast automatisch, wenn ich das Wort „schön“ höre.

Ein kleines Kind bringt seiner Mutter eine Blume. Es ist keine besonders schöne Blume, ein gewöhnliches Gänseblümchen vielleicht. Dazu hat das Kind noch die Pflanze so gepflückt, daß man das Blümchen nicht einmal in die Vase stellen kann. Aber zwischen der Mutter und dem Kind ist ein Lächeln – und zwischen ihnen diese kleine Blume. Die Szene ist ganz schön; das Wesen des Schönen blitzt darin auf.

„Die Blume“, sagt Hille, „ist das Lächeln der Pflanze.“ Im Erblühen, im Aufgehen einer Blume verkörpert sich der Sinn eines großartigen Augenblicks, den man in seiner vollen Blüte festhalten möchte, zu dem man mit Goethes Faust sagen möchte: „Verweile doch, du bist so schön.“

Zwar gibt es Menschen, die, um mit Menkes zu sprechen, beim Anblick von Blumen zwangsläufig an einen Sarg denken, aber man sollte es lieber mit Jean Rostand halten, der schreibt: „Wer in Gefahr ist, Pessimist zu werden, soll eine Rose betrachten."

Gerade die Rose wurde in Liedern und Gedichten immer wieder besungen. So zum Beispiel in einem Gedicht von Claudel: „Einen Augenblick lang erblüht für uns die Wirklichkeit unter ihren gebrechlichen Schleiern und das tiefe Entzücken für unsere Seele über jedwedes Ding, das Gott schuf. Was gibt es Übermäßigeres auszuhauchen für ein vergängliches Wesen als die ewige Wesenheit und für eine Sekunde den unerschöpflichen Duft der Rose?"

Eine besondere Bedeutung hat die Rose im „Kleinen Prinzen", denn die Rose ist es, die den Kleinen Prinzen auf seiner Reise immer wieder an seinen Planeten zurückdenken läßt; die Rose, die er zu schützen hat, weil es seine Rose ist. „Die Menschen züchten 5000 Rosen in ein und demselben Garten, und sie finden dort nicht, was sie suchen. Dabei kann man es in einer einzigen Rose finden" (Antoine de Saint-Exupéry). Im übrigen muß es keine Rose sein, die uns die Schönheit dieser Welt zeigt. Es kann genausogut das erste Gänseblümchen auf einer Wiese oder der gelbe Löwenzahn sein. Dabei fällt mir einer der gescheitesten Sprüche ein, die ich jemals gelesen habe: „Das beste Mittel gegen Unkraut ist das, es einfach zu seiner Lieblingsblume zu machen."

2.4. Was Dinge schön macht

Welche drei Dinge würden Sie auf eine einsame Insel mitnehmen? Welche Bücher wären Ihnen wirklich wesentlich? Existentiell berührt uns vielleicht auch immer wieder jenes frühere Gewohnheitsrecht, dem Hinzurichtenden einen letzten Wunsch zu gestatten. Und weil wir schon bei Wünschen sind, was würden Sie wünschen, wenn, wie weiland im Märchen, Ihnen eine Fee drei Wünsche gestattete? Im Märchen sind's meist Torheiten, weil die Menschen nicht das Wesentliche erkannten. Wir tun uns oft schwer, Werte wie das Schöne genau zu bestimmen. Könnte es uns da weiterhelfen, wenn wir uns fragen, was wir an unserem letzten Tag auf Erden am liebsten sehen, hören, riechen wollten? Die Schönheit der Natur? Etwa eine Libelle, die im Sonnenlicht über einem Tümpel schwirrt? Der Blick von einem hohen Berg auf die Heimat? Eine kleine weiße Wolke, die über den blauen Himmel zieht? Die Betrachtung eines Kunstwerkes oder einzig und allein die Gegenwart eines lieben Menschen? Bei solchen Überlegungen kann man den so schwer definierbaren Wert des Schönen plötzlich ganz einfach verstehen: als das, was uns lieb geworden ist. „Schön ist das", sagt Christian Morgenstern, „was wir mit den Augen der Liebe betrachten."

3. Das Gute verteidigen

3.1. Einsicht

Nur der kennt das Glas,
der weiß, daß es bricht;
nur der, der das Dunkel kennt,
kennt auch das Licht.
Nur der kann heilen,
der weiß, wo es fehlt;
nur wer nach dem Ende fragt,
kennt sich aus in der Welt;
nur wer auch die Grenzen sieht,
weiß ums Ganze Bescheid.
Nur wer weiß, daß er nichts weiß,
ist auch gescheit.

3.2. Kleine Regenphilosophie

Es gibt geborene Optimisten und geborene Pessimisten, zweifelsohne. Manche Kinder sind eben von Natur aus heiter, anderen ist vielleicht ein gewisser Hang zur Schwermut in die Wiege gelegt. Aber Menschsein heißt, mit Geist und Herz die Talente zu entfalten, die der Schöpfer uns mitgegeben hat. Darum ist für Kinder äußerst wichtig, daß sie Einstellungen lernen und bei uns Erwachsenen abschauen, mit denen sie auch an trüben Tagen leben können.

Ich freue mich immer an Kindern, wenn sie etwas tun, was ihren Eltern möglicherweise gar nicht gefällt, wenn sie nämlich wie die Wilden durch den Regen und die Pfützen tollen. Dabei holen sie sich gewiß einen Schnupfen. Aber sehen Sie es einmal anders: Ist das nicht ein kreativer Umgang mit einem Wetter, bei dem die Großen nur die Mundwinkel hängen lassen? Sie schauen genau so grau drein wie die Farbe des Himmels über ihnen. Und was haben sie davon? Sie täten besser daran, den Regen einmal zu meditieren.

Wer hätte den Regen noch nicht verwünscht, der uns plötzlich als Wolkenbruch überrascht oder sich über Tage hinweg als „Schnürlregen“ eingenistet hat, wenn die Welt grau in grau erschien und man den Eindruck hatte, daß der Himmel weine? Im Alten Testament zum Beispiel steht die Geschichte, wie der Himmel seine Schleusen öffnete und der Regen zur Sintflut wurde. Umgekehrt, wie oft haben wir ihn nach einem heißen Tag oder nach einer längeren Hitzeperiode herbeigesehnt. Wie hoffen manche Völker auf den Regen, deren Land ausgedörrt ist und die darauf warten, daß er ihnen und der Natur Wasser und dadurch Nahrung bringt.

Die Erde ist der blaue Stern, der das Geschenk des Wassers besitzt, den Segen des Regens. Wer hat noch nicht beobachtet, wie Regen auf scheinbar dürres Gras fällt und es sich wieder aufrichtet, wie der Regen zu neuem Leben verhilft. Seit einiger Zeit gibt es eine äußerst unangenehme Erscheinungsform des Regens, den sauren Regen, der gleichzeitig mit dem segensreichen Naß Tod und Verderben für die Natur bedeutet. Ein Verderben freilich, das von den Menschen Ausgang nimmt, die die Gefahr der Technik immer noch nicht recht erkannt haben. Es muß uns gelingen, daß der Regen bald diese widrige Bedeutung verliert und wieder zu dem köstlichen Naß des Segens wird, zu einem Geschenk des Himmels. Im Advent singen die Christen nach wie vor in ihrer Erwartung des Erlösers, daß die Wolken ihn herabregnen mögen. Die wunderbare Verbindung vom Regen zur Sonne zeigt sich in einem der herrlichsten Schauspiele der Natur, im Regenbogen, der als Symbol für die Verbindung Gottes mit den Menschen gesehen wurde. Der Regenbogen ist das Symbol der Hoffnung, die farbige Brücke, die sich aus dem Grau mancher Traurigkeit hinüberspannt in das Helle und Lichte der Freude. Der Regenbogen ist das Zeichen dafür, daß die Sonne immer wieder die Oberhand gewinnt über das Dunkle und Düstere, daß sie sich immer wieder ihren Weg zwischen den Wolken zu bahnen versteht. Ist es kein Glückserlebnis, wenn die Sonne plötzlich wieder strahlend hinter einer Wolke hervorkommt? Stünde nie eine Wolke am Himmel, vielleicht würden wir das Glück des wärmenden Sonnenscheins gar nicht achten. Wahrscheinlich brauchen wir Wolken und Nebel im Leben, damit wir suchen, herausfinden aus dem Grau mancher Alltagssituation. Dazu gehört freilich die wissende Hoffnung, daß die Wolke nur etwas verhüllt und es dahinter etwas Helles und Lichtes gibt.

4. Das Heilige verehren

4.1. Was man so alles glaubt . . .

Viele Eltern haben schon verstanden, daß es ein ungeheurer Schatz ist, wenn sie ihren Kindern einen Glauben mit ins Leben geben können. Das ist doch etwas anderes, ob sich ein Kind geborgen und voller Urvertrauen in der Schöpfung bewegen kann, oder ob wir ein Kind im Gefühl existentieller Schutzlosigkeit über die Klippen und Abgründe des Lebens schicken.

Aber viele Eltern fühlen sich hilflos im Blick auf ihre eigene Situation: „Ich kann doch selbst nicht richtig glauben; ich weiß gar nicht, wie das geht." Das ist möglicherweise eine ziemlich falsche Selbsteinschätzung. Sie glauben gar nicht, was „man" so alles glaubt. Ein Bimbo an der Windschutzscheibe verhindert Auffahrunfälle. Das linke Bein, mit dem man aus dem Bett aufsteht, vermasselt den ganzen Tag. Und was man nicht alles anstellt, um den Lottogewinn herbeizuzwingen. Machen Sie einmal die Probe aufs Exempel, was Sie persönlich so alles glauben. Manchmal denke ich, wir haben gar nicht die Wahl, den Kindern Glauben oder Nichtglauben zu vermitteln, sondern nur die Wahl zwischen der Vermittlung eines Bimboglaubens und der Vermittlung eines kernhaften und vernünftigen Glaubens.

Eine kleine Geschichte: Ein berühmter Naturwissenschaftler hält einen Vortrag, in dem er beweist, daß sich unsere Welt rein wissenschaftlich erklären lasse. Unsere Zeit, so schließt er, ist so aufgeklärt, daß für den Glauben einfach kein Platz mehr bleibt.

Nach dem Vortrag lädt er ein paar Leute zu sich nach Hause ein. Wie erstaunt sind die, als sie über seinem Eingang ein Hufeisen hängen sehen.

„Ja so was", meint da einer lachend, „wie kommt denn ausgerechnet bei Ihnen ein Hufeisen über die Tür? Sie glauben doch nicht im Ernst daran, daß es Ihnen Glück bringen könnte?"

„Natürlich glaube ich nicht an so etwas", entgegnet der Professor, „aber ich habe gehört, es soll auch Leuten helfen, die nicht daran glauben."

An diese Geschichte muß ich immer denken, wenn ich höre, daß ausgerechnet in unserer Zeit, in der man dem Glauben immer weniger Raum geben will, der Aberglaube aus allen möglichen Ritzen hervorschaut und manchmal sogar beängstigende Formen annimmt. Gerade bei Jugendlichen nimmt eine oft recht gefährliche Form des Aberglaubens mit Hexen und Satanskult enorm zu. Das Tischchenrücken ist noch eine der harmlosesten Formen einer recht merkwürdigen Flucht in das Irrationale, das man doch total verdrängt zu haben glaubte. Im schwunghaften Handel mit allen traditionellen Requisiten des Aberglaubens kommen Steinchen, Kettchen, Pülverchen, Geruchsessenzen usw., denen von den geschickten Verkäufern magische Kräfte angedichtet werden, auf den Markt. Man blättere nur in manchen Illustrierten mit obskuren Anzeigen, um zu sehen, was sich hier alles tut. Ich frage mich, ob es eine Folge unseres Aufklärungsrigorismus ist, der diese Wissenschaftsgläubigkeit fördert. Nichts gegen Wissenschaft und wissenschaftliches Denken. Wissenschaft wird aber fragwürdig, wo sie nicht ihre Grenzen sieht, wird zum Hochmut, wenn sie sich nicht auf die alte sokratische Weisheit besinnt: „Ich weiß, daß ich nichts weiß."

Ihre Grenzen beschreibt Lohberger, wenn er sagt: „Wissenschaft: statt vieler kleiner X macht man ein großes." An was glaubt man heute nicht alles, ohne sich Rechenschaft abzulegen: an Meinungsbefragungen, Horoskope, Statistiken, Wirtschaftswachstum, ja sogar an den Atheismus. Joachim-Daniel Anita sagt: „Aberglauben ist die verschämte

Ausflucht der Menschen, die so viel lieber glauben würden!" Er teilt die Menschen in zwei Kategorien ein: die einen, die nur glauben, was sie sehen, und die anderen, die nur sehen, was sie glauben. Und Stanislav Jerzy Lec unterscheidet zwei Gruppen Menschen: Die einen glauben, daß sie glauben. Die anderen glauben, daß sie nicht glauben. Etwas populärer ausgedrückt könnte man sagen: Was wir heutzutage alles zusammenglauben müssen, bloß weil wir glauben, daß wir nichts mehr zu glauben brauchen, ist fast nicht zu glauben.

4.2. Papa, wo wohnt der liebe Gott?

Kinderfragen können ganz schön nerven. „Laß dir das von der Mama erklären", ist die Standardantwort der Väter, die ihren Kindern recht gut die Funktionsweise eines Ottomotors oder die Geheimnisse der Stromerzeugung zu erklären wissen. Aber die Mama könnte vielleicht auch besser erklären, warum aus einer Blumenzwiebel eine schöne Tulpe wächst oder warum der Mond am Himmel leuchtet. Gott, der ist so weit weg, so ungreifbar. Gut, wenn wir ihn begreifen könnten, wäre er nicht Gott. Ihn nicht begreifen können und Kindern doch mitzuteilen zu müssen, daß dieses Wort „Gott" das wichtigste Wort ist, das es in unser aller Leben gibt – das macht es richtig schwer mit der religiösen Kindererziehung.

Aber vielleicht muß das ja schwer sein, Kindern eine Erfahrung von Gott zu schenken! Es wäre ja banal, wenn wir Gott aus dem Hut zaubern könnten wie – Simsalabim – das berühmte Kaninchen. Daß Gott in Ihrem Leben eine Rolle spielt, entdecken Kinder ohnehin nicht an Ihren mehr oder weniger erbaulichen Reden. Kinder merken etwas von Gott, wenn sie entdecken, daß er in Ihrem Leben eine Rolle spielt. Daß sie auf die linken Tricks verzichten, mit denen

„man“ sich so durchs Leben wurstelt. Daß Sie in Ihrer Familienkultur Zeit für ein dankendes Tischgebet haben. Daß Sie persönliche Durststrecken und Ängste durchstehen, weil Sie auf Gottes Vorsehung vertrauen. Sie brauchen gar nicht viel zu reden. Fragen Sie sich einfach: Würde mir etwas fehlen, wenn es Gott nicht gäbe?

„Wetten“, sagte er zu mir das letzte Mal, über seinen vermeintlich guten Witz lachend, „wetten, daß es keinen Gott gibt?“ Er redet viel von Gott, mein Freund, der mit jedem zweiten Satz allen sagt, daß er ein Atheist sei. Er hat viele Geschichten und Stücke geschrieben, in denen es immer wieder darum geht, daß es „Ihn“ nicht gebe. Und er sagt auch immer, wie glücklich er darüber sei, daß „Er“ nicht existiere. Da denke ich immer an einen anderen Bekannten, der mir jedes Mal erzählt, wie froh er sei, ungebunden und allein zu sein, und dabei fühlt jeder seine Sehnsucht nach Kontakt mit anderen, nach einer Familie. Es ist ja eine bekannte Tatsache, daß man in der Situation, in der etwas fehlt, am meisten davon erfüllt ist, daß uns im „Abgehen“ sehr häufig etwas „aufgeht“. Dieser „Fehl“ Gottes ist es auch, der Nietzsche sein erschütterndes Gedicht schreiben ließ:

Noch einmal, eh ich weiterziehe
und meine Blicke vorwärtssende,
heb ich vereinsamt meine Hände
zu dir empor, zu dem ich fliehe,
dem ich in tiefster Herzenstiefe
Altäre feierlich geweiht,
daß aller Zeit
mich deine Stimme wieder riefe...

„Was und wer Gott ist“, sagt W. Dirks, „vermag gerade der nicht zu definieren, der an ihn glaubt. Nur der Ungläubige hat eine Formel für ihn.“ Und Charles Journet erklärt: „Es ist wahr, daß man über Gott nicht sprechen kann, aber noch weniger kann man über ihn schweigen." Dieser Satz weist in dieselbe Richtung wie Hans Küngs Feststellung, daß es bei der Abstimmung zur Gottesfrage keine Stimmenthaltung gibt. Das heißt freilich nicht, daß Er es uns immer leichtmacht, ihn zu sehen und zu verstehen. „Gott ist der verborgene Abgrund, aber auch die verborgene Heimat am Ende aller unserer Wege", meint Karl Barth.

Seit vielen Jahren findet man an Wänden gekritzelt den Spruch „Gott ist tot" (Nietzsche), und darunter steht dann „Nietzsche ist tot" (Gott). „Gott stirbt nicht, wenn der Mensch aufhört, nach ihm zu fragen", stellt Heinz Zahrnt fest, „wohl aber hört der Mensch auf, Mensch zu sein, wenn er die Frage nach Gott nicht mehr stellt". Und Christian Morgenstern erklärt: „Wer Gott aufgibt, der löscht die Sonne aus, um mit der Laterne weiterzuwandern."

4.3. Glauben

Es gibt Leute, die glauben,
daß sie an gar nichts glauben,
doch hören sie auf einer Tagung
was von einer Befragung;
hören sie eine Zahl,
wirkt das phänomenal.
Wer Ziffern nennt
oder gar in Prozent
sich ausdrücken kann,
das ist halt *der* Mann.
Einer nackten Zahl bloß,
als Beweis ganz famos,
der glaubt man (und wie!)
und geht in die Knie.
Noch zu gar keiner Zeit

war so gläubig wie heut'
der Mensch jemals noch.
Wissen wir doch:
sogar Atheisten
glauben fest an „Statisten".

4.4. Fluß der Zeit

Auch wenn der Fluß,
den ich seh, immer verfließt,
auch wenn er sich selbst
ins Meer stets ergießt –
er bleibt im Verrinnen,
Verfließen, Vergehn,
er bleibt als er selbst,
als Fluß doch bestehn.
Auch wenn sich das Jahr
im Wechsel verliert,
wenn Frühling zu Sommer,
zu Winter einst wird,
die Blüte zur Frucht reift
und Reifes dann fällt –
es bleibt doch das Jahr,
das im Kreislauf sich hält.
Auch wenn die Zeit
jederzeit nur vergeht,
und wenn der Zeiger
der Uhr nie steht,
auch wenn sich Vergehn
an Entstehen stets reiht –
sie bleibt in dem Wandel,
bleibt immerfort Zeit.
Wenn Abschied, Verlust
und Sterben die Welt,

den Menschen, uns selbst,
in Frage stets stellt,
laß dennoch uns glauben
an einen Sinn, der ist –
weil immer du sein wirst,
was du warst, was du bist.

5. Freude und Glück

5.1. Ansteckend

Normalerweise ist es ja keine besonders rühmliche Tat, jemanden anzustecken. Wer merkt, daß von ihm eine Ansteckungsgefahr ausgeht, wird gut daran tun, möglichst wenig Kontakte zu anderen Leuten zu pflegen, und sei es auch nur, daß er mit einem Katarrh – mit seiner Hatschi-Brause den lästigen Viren oder Bazillen neue Nist- und Brutplätze verschafft.

Aber es gibt auch eine Form der Ansteckung, die von den allermeisten nicht als unangenehm empfunden wird. Im Gegenteil! Obwohl sich diese Ansteckung in Windeseile ausbreiten kann. Oft läßt sich beobachten, wie Menschen plötzlich angesteckt wurden und sofort wieder selber anstecken.

Der Erreger dieser Ansteckung heißt:

Freundlichkeit, und sein Symptom ist ein Lächeln.

Versuchen Sie es einmal in Alltagssituationen, z. B. im Straßenverkehr, wo es meist keinen oder nur einen geringen Zeitverlust bedeutet, dem anderen verständnisvoll zuzunicken, wenn er sich falsch eingeordnet hat, und ihn eventuell in die Spur einzuwinken.

Die Geste, jemandem, der hinter uns kommt, freundlich die Tür aufzuhalten, ist eine ganz einfache Form der zwischenmenschlichen Beziehung.

Im Aufzug, in der U-Bahn oder in der Schlange vor einer Kasse – ein freundliches Lächeln ersetzt viele Worte.

Ich habe einen schönen Spruch gefunden, von dem ich leider nicht weiß, von wem er stammt:

„Das Lächeln ist ein Licht, das sich im Fenster eines Gesichtes zeigt und anzeigt, daß das Herz daheim ist."

Oft hat man den Eindruck, daß man sich in unserer sonst durchaus freizügigen Zeit merkwürdigerweise am meisten geniert, Herz und Gemüt zu zeigen.

Viele theoretische Untersuchungen über Kommunikation erübrigten sich, würde man sich an eine bekannte Feststellung erinnern, daß das Lächeln die kürzeste Verbindung zwischen den Menschen darstellt.

Gsell bezeichnet das Lächeln als eine „soziale Pflicht". Medizinisch betrachtet, ist es etwas sehr Gesundes und Entspannendes, und von kosmetischer Seite aus ist es eine sympathische Falte, die „andere ausbügelt".

Es gibt ein Sprichwort, daß ein Faß immer nach dem ersten Wein schmeckt, der in es hineinkam.

Oft wird unser Bild vom ersten Eindruck eines Menschen bestimmt.

Erinnern Sie sich noch, wie man als Schüler gespannt den neuen Lehrer erwartete und wie man dann auf seinen Gesichtsausdruck schaute, als er das Klassenzimmer betrat?

Es kann sich durchaus lohnen, bei sich hin und wieder eine Gesichtskontrolle zu machen, ohne daß man sich zu einem gespielten Keep-smiling zu zwingen bräuchte.

Ein freundliches Gesicht ist oft eine beredtere Aussage als viele Worte. Es ist eine völkerverbindende Sprache, die sogar Stumme sprechen und Taube hören können.

In diesem Sinne sollten wir immer wieder daran denken

– mit höchster Genehmigung sämtlicher Gesundheitsbehörden – öfter mal anzustecken.

5.2. Immer auf der Jagd

Was sehen die Kinder von uns Erwachsenen? Wenn sie uns überhaupt sehen – was schon viel ist –, sehen sie streßgeplagte, termingehetzte Menschen, die beständig auf der Jagd nach irgendwelchen Dingen sind. Etwas Geheimnisvolles muß diese Erwachsenen antreiben, daß sie immer auf der Hatz sind und keine Zeit haben für Spiel und Gespräch, einfach fürs Da-Sein. Was ist der Mensch, wofür ist er da?

Auf diese Frage findet man die verschiedenartigsten Antworten. Von der „Krone der Schöpfung" bis zur „Dornenkrone der Schöpfung" (Stanislaw Jerzy Lec) reichen die Definitionen. Da gibt es zum Beispiel die Bestimmung, daß der Mensch ein „homo viator", ein Wanderer ist, in seinem Erdendasein stets auf dem Weg, auf der Suche nach dem rechten Weg und dem Ziel. Vielleicht könnte man aber auch eine Seite des Menschseins charakterisieren, wenn man den Menschen als „homo venator", als Jäger bezeichnete. Von früh an hat der Mensch nämlich seine Intelligenz vor allem dazu eingesetzt, Jagdwerkzeuge zu erfinden, mit denen er sich die teilweise geschickteren und kräftigeren Tiere zur Beute machen konnte. Neben dem Sammeln von Früchten und dem Bebauen der Erde haben sich die Menschen auch immer durch die Jagd ihren Lebensunterhalt verschafft. Dabei hat sich gezeigt, daß der Mensch zur Maßlosigkeit neigt. Denn die Jagd diente ihm nicht nur dazu, Nahrung und Felle für seine Bekleidung zu bekommen, sondern sie ist wiederholt zur Leidenschaft geworden. Daher mag es paradox klingen, daß heute ausgerechnet der Jäger darüber wacht, daß die Tierwelt vor blindwütigen Eingriffen geschützt wird.

Viele Tierarten sind vom Aussterben bedroht oder sind ausgerottet worden. Dies geschah häufig aus völlig unsinnigen Gründen, etwa weil sich ein bestimmter Teil des Tieres für irgendeinen Schmuck besonders gut eignete: die Stoßzähne des Elefanten, die Federn vieler Vogelarten, die ausgefallenen Felle von Raubkatzen. Die traurigen Beispiele reichen bis in die Gegenwart: Robbenmord, Jagd nach Singvögeln und so weiter.

Eine Besonderheit des Menschen ist, daß er ständig auf der Jagd nach dem Ausgefallenen ist. Daher steht das Wort Jagd häufig für Süchtigkeit und Maßlosigkeit.

Das menschliche Leben ist sicher ein Suchen nach dem Glück, dem großen, aber auch dem kleinen Glück. Gefährlich wird das Leben, wenn es zur bloßen Glücksjagd wird, wenn man den Augenblick nicht mehr Augenblick sein läßt, sondern von einem Höhepunkt zum anderen jagen muß. Wer aber ständig auf der Jagd ist, kommt nicht mehr zu sich. Er jagt hinter der Zeit und hinter sich selbst her. Er quantifiziert und glaubt, die Zahl der Treffer beziehungsweise der Abschüsse würden das große Glück ausmachen, statt daß er erkennt, daß das Verweilen, das Sich-erfüllen-Lassen oft größeres Glück vermitteln können. Dementsprechend heißt es in einem schönen Spruch: „Ab und zu sollten wir auf unserer Jagd nach Glück innehalten und mal ganz einfach glücklich sein.“

6. Der Nächste und die Liebe

6.1. Von der Krankheit Langeweile

Regale voll Spielsachen, Berge von Plüschtieren, rasselnde, piepende Elektronik-Roboter, ein Kinder-Computer und eine Stereobeschallung. Das Durchschnittskinderzimmer unserer Tage. Man müßte meinen, die Kinder hätten ein Paradies an Anregung und Kurzweil. Aber wie undankbar sie sind, diese Kinder – hängen trotz dieser Super-Ausrüstung der Mama am Schürzenzipfel und quengeln: „Mama, mir ist sooo langweilig." Manche Eltern ziehen daraus den klugen Schluß, man müsse schleunigst die spieltechnische Grundausstattung ihres Zöglings überprüfen. Sie greifen tief in die Tasche, schleppen neuen gackernden, tickenden, flimmernden Spielzimmerschrott heran. Aber es ist ein hoffnungsloser Kampf: „Mama, mir ist sooo langweilig." Langeweile! Aber warum soll es den Kindern anders ergehen als uns Erwachsenen?

„Jeder Dritte leidet am Wochenende an Langeweile." So lautete vor kurzer Zeit eine Überschrift in der Zeitung. Die Volksbefrager haben wieder einmal etwas Neues entdeckt. Immer mehr Deutsche langweilen sich, vornehmlich an Sonn- und Feiertagen. Das mutet angesichts der Forderung nach mehr Freizeit geradezu grotesk an. Wir fordern mehr freie Zeit, ohne mit der schon bisher zur Verfügung stehenden Zeit etwas anfangen zu können.

Selbstverständlich rufen solche Erscheinungen dann auch eine Schar an Wissenschaftlern auf den Plan, die psychologische und pädagogische Erklärungen und ihre Freizeittips abgeben. Erst einmal bekommen wir eine Menge von Zahlen geliefert, die ganz genau aufschlüsseln, wer von dieser (Frei-)Zeitkrankheit am meisten befallen ist. Wir erfahren, wie vielen Leuten unter 20, über 60 usw., wieviel Männern oder Frauen, Unter-, Mittel-, Oberschichtsangehörigen, Verheirateten, Ledigen, Katholiken, Protestanten usw. es langweilig ist. Und wir bekommen „wissenschaftlich abgesicherte" Feststellungen zu hören, die, wenn man sie von einigem Fachjargon befreit, oft recht banal klingen. Etwa, daß Einsamkeit, zu wenig zwischenmenschliche Kontakte, ein mangelndes Beschäftigungsfeld usw. der Grund von Langeweile sind. Und ein Freizeitpädagoge gibt den großartigen Ratschlag: „Etwas mehr Abwechslung".

Plötzlich besinnt man sich sogar wieder auf die in der Befreiungsideologie fast vergessene Tatsache, daß in einer lebendigen Familiengemeinschaft kaum Langeweile aufkommt. Vielleicht wird man auch bald wieder als neuesten wissenschaftlichen Schrei dem staunenden Laien kundtun, was der Verfasser dieser Zeilen, ohne aufwendige Forschungsinstitute mit demselben bißchen gesunden Menschenverstand, der jedem Leser dieser Zeilen von Haus aus gegeben ist, seit Jahr und Tag sagte: Denkt bei all den emanzipatorischen Bestrebungen auch ein wenig daran, daß ihr euch nicht nur ständig von euren Mitmenschen wegbefreit in eine rein egoistische Vereinzelung hinein! Leider wurde aber die Selbstverwirklichung von manchen verwechselt mit dem „Nur an sich denken", nur das zu tun, was einem gerade Spaß macht. Dabei ist es doch auch eine ganz simple Erkenntnis, daß sich der Mensch, der auf den Mitmenschen angelegt ist, den andern zu seiner Verwirklichung braucht. Wie der Philosoph Martin Buber so schön sagt: „Der Mensch kommt erst am Du zum Ich." Leben zu zweit oder in einer Familie bringt gewiß eine Menge von Einschränkungen und Verantwortung. Ich behaupte aber wiederum ohne längere wissenschaftliche Forschung, daß derjenige, der sich verantwortlich weiß, der gelernt hat, sich um den andern zu kümmern, unter der Personengruppe zu finden sein wird, die wohl am wenigsten Langeweile empfindet. Am Du kommt keine Langeweile auf.

Gern gebe ich zu, daß es auch eine unverschuldete Einsamkeit gibt, daß Menschen, von Schicksalsschlägen getroffen, plötzlich allein dastehen, daß gerade in Großstädten viele einsame alte Leute zu finden sind. Und doch bin ich der Meinung, daß dies ein zu bewältigendes Problem ist. Ich erlebe immer wieder mit großer Freude, wieviel gerade heute getan wird, um alten Menschen zu helfen. In Pfarreien oder Volkshochschulen usw. existieren Unmengen von Angeboten, die auch genutzt werden: Nachbarschaftshilfe, Seniorennachmittage, Seniorenfahrten usw. Großartig empfinde ich immer wieder, wieviel Engagement gerade alte Leute aufbringen und wie sie sich zur Verfügung stellen, wann und wo sie gebraucht werden. Was vielleicht noch mehr not tut ist, daß man Menschen über die vielen Möglichkeiten informiert.

Wenn Kinder sich langweilen, speziell solche, die über zu große Arbeitsbelastung durch die Schule jammern, auch ihre Freizeit als langweilig empfinden, sollte man bedenken, daß ein Zuviel an Spielzeug schuld sein kann, daß sich Kinder mit keinem mehr intensiv beschäftigen wollen,

- daß Spielzeuge nicht alles automatisch selber machen sollen, sondern Raum für die Fantasie und Eigentätigkeit geben dürfen,
- daß Fernsehen kein Ersatz für eigene Erfahrungen ist, und die immer längeren Einschaltzeiten auch bei Kindersendungen Vorschub dafür leisten, daß Kinder nichts mehr mit sich und ihrer Umwelt anfangen können,
- daß stundenlanges passives Anhören von Musik nicht die alleinige Freizeitbeschäftigung sein sollte.

Ohne den Jugendlichen Freude an Walkman und Disko verleiden zu wollen, ist doch zu fragen, ob diese nicht da und dort die so oft beklagte Kontaktlosigkeit vorantreiben, wenn sie zum fast alleinigen Ersatz für ein Gespräch oder gemeinsames Tun werden.

Ich meine, man sollte bei Gott aus den sogenannten wissenschaftlichen Erkenntnissen über die Langeweile nicht wieder gleich eine neue Freizeitkrankheit machen. Vieles, was ich persönlich erlebe, gibt Grund zur Hoffnung, daß Junge und Alte gerade heute wieder das Großartige der ihnen geschenkten Zeit entdecken. Wir können eine enorme Besinnung auf menschliche Beschäftigungen wie Musizieren, Werken, Malen usw. feststellen, aber auch auf soziales Engagement. Viele haben auch entdeckt, daß Lesen oft viel mehr Freude machen kann als Fernsehen, weil hier die eigene Fantasie und Vorstellungskraft angespornt wird. Wieviel mehr – wenn diese Bemerkung eines alten Karl-May-Verehrers gestattet ist – hat uns ein Buch von diesem Schriftsteller gegeben als die Verfilmung desselben. Man denke aber auch an andere durchaus geglückte Verfilmungen von Jugendbüchern! Zweifelsohne läßt auch das Medium Rundfunk noch mehr Raum für Fantasie als das Bild. Ein echter Langeweile-Töter ist aber nach wie vor das Lesen. Der Kinder- und Jugendbuchautor Erich Kästner hat einmal gesagt: „Denkt an das fünfte Gebot: Schlagt eure Zeit nicht tot!" Es wäre schon eine schlimme Zeitkrankheit, wenn wir mit der Zeit gar nichts anderes mehr anzufangen wüßten, als Bücher von Pädagogen oder Psychologen über das Thema „Langeweile als Zeitkrankheit" zu lesen.

6.2. Brüder sind wir alle im Leben

Unsere Kinder wachsen in eine Welt und Menschengemeinschaft hinein, die sie sich nicht ausgesucht haben. Die Welt ist wahrhaftig nicht, wie sie sein sollte, und wieviele Zeitgenossen gefallen sich darin, ihre Kaputtheit zu spiegeln. Trotzdem habe ich immer wieder gegen den modischen Zeitgeist die provokante These vertreten, daß Kinder ein Recht auf eine „heile Welt“ haben und auf Menschen, die ihnen Vorbild sein können.

Es gibt genug Zyniker, auch unter den Pädagogen, die ihnen beides – Welt und Mensch – schon sehr früh verleiden möchten. Wie sollen Kinder da Vertrauen in die Güte der Schöpfung und des Nächsten bekommen?

In einem Gedicht, das mir sehr lieb ist, habe ich auszudrücken versucht, was not tut: die Augen zu öffnen für das, was ist, für eine Welt, die gut eingerichtet ist und in der es sich lohnt zu leben; die Augen zu öffnen auch für das, was uns Menschen über allen Streit und alle Differenzen hinweg verbindet: Schwestern und Brüder zu sein, die hervorgegangen sind aus der Hand eines gemeinsamen Schöpfers.

Wenn wir nachts zum Himmel blicken
und die Sterne sehn,
wie sie leuchten, wie sie blinken,
ist das wunderschön.
Doch nur einer dieser Sterne
kann uns Heimat sein,
weil's auf unsrer guten Erde
Leben gibt allein.

Schau dich um auf dieser Erde,
was sich da bewegt.
Alles ist voll buntem Treiben,
unsre Erde lebt.
Laß den Tieren ihre Freiheit,
sperre sie nicht ein.
Sei nur gut zu allen Tieren,
laß sie Tiere sein.

Brüder sind wir alle im Leben:
Aus derselben Hand

ward das Leben uns gegeben
und auch der Verstand,
daß wir Leben achten müssen
und zu keiner Zeit
einem andern Lebewesen
zufügen ein Leid.

7. Freunde

7.1. Reisebilder

Kreuzfahrt im östlichen Mittelmeer. In Odessa haben wir einen Landausflug gebucht. Unsere Führerin zeigt uns die Sehenswürdigkeiten, aber mich interessieren noch mehr die Menschen. Auf den gepflegten Alleen kommen uns viele Leute auf ihrem Sonntagnachmittagsspaziergang entgegen. Wir sind in der Geschlossenheit unserer Herde mit der russischen Führerin an der Spitze unverkennbar westliche Touristen. Ich suche die Augen der Entgegenkommenden oder der Menschen, die in der Sonne auf den Anlagebänken sitzen. Immer wieder suche ich diesen Blickkontakt, doch leider vergeblich. Oder bilde ich es mir nur ein: Allenfalls ein scheues Aufschauen, ganz kurz. Manche schauen leer an mir vorbei.

Ich versuche die bekanntlich immer noch kürzeste Verbindung zwischen Menschen und lächle Begegnenden zu. Irgendetwas huscht über das eine oder andere Gesicht für den Bruchteil einer Sekunde. Da kommen zwei kleine Kinder entgegen. Das Mädchen hat große Schleifen im Haar, offensichtlich ihr Sonntagsschmuck. Beide schauen mich an, bleiben stehen und erwidern strahlend mein Lächeln.

Sie wollen etwas sagen, da kommt der Vater und nimmt sie liebevoll, aber bestimmt an der Hand und zieht sie fort.

Ein rumänischer Schriftsteller sagte mir einmal bei einer Begegnung in seinem Land: „Schauen Sie sich die Kinder an von den verschiedenen Systemen, was sie spielen. Die einen mit ihren kommunistischen, die anderen mit ihren kapitalistischen Spielzeugen. Sie sitzen da und sind ganz bei der Sache, sie sind fröhlich und lachen oder weinen, wenn etwas kaputtgeht. Wo ist da der Unterschied der Systeme?"

Und wie schaut es mit den Erwachsenen aus? Gewiß, auch da ist vieles über die unterschiedlichsten Gesellschaftsformen hinweg gleich. Geht es nicht immer hier wie dort im letzten um dieses bißchen Leben und Sterben, ein wenig glücklich und ein bißchen traurig sein, ein bißchen Lieben- und Geliebtwerdenwollen und ein wenig Hoffnung? Und doch unterscheiden sich die Erwachsenen der verschiedenen Länder und Kulturen viel mehr voneinander als die Kinder. Eine Binsenweisheit? Vielleicht. Aber was ist es, das beispielsweise die Augen so sehr verändert hat? Haben nicht alle Erwachsenen einmal so geschaut wie jene Kinder?

Was haben wir doch bei allem Gewinn an Jahren, Größe, Gewicht, Erfahrung alles verloren! Es ist kein bloß romantisches Rückwärtsschauen, wenn Corona Bamberg sagt: „Du mußt wie ein Kind umgehen mit den Sinngeheimnissen des Lebens." Ist es damit getan, wenn wir Kindheit als Nähe zum Ursprung deuten? Wer oder was ist der Ursprung? Ist dieser Ursprung das eigentlich wahre Menschsein? Aber warum entfernen wir uns dann davon? Systeme, Ideologien... Ich weiß, aber sind nicht Systeme und Ideologien Menschenwerk? Warum machen die Menschen dann etwas, was sie vom Menschsein entfernt? Kinderaugen sind voller Fragen, aber sie können auch fragend machen, fragend auch auf die geheimnisvolle Botschaft in Matth. 18,3:

„Wenn ihr euch nicht bekehrt und werdet wie die Kinder, so werdet ihr in das Himmelreich nicht eingehen."

Was haben wir nicht alles lernen müssen, um erwachsen zu werden? Aber wieviel haben wir dabei auch da und dort verlernt, Mensch zu bleiben, wie es Max Frisch ausdrückt: „Wir könnten Menschen sein – einst waren wir Kinder."

7.2. Denk daran: Du bist einmalig!

Wenn man daran denkt, wieviele Milliarden von Menschen auf der Erde leben, ist man leicht versucht, das schlimme Wort von der „Masse Mensch" in seinen Wortschatz aufzunehmen. Werden unsere Kinder nicht in eine Massengesellschaft hineingeboren, in der sie, kaum geboren, schon auf der Neugeborenen-Station normiert, klassifiziert, numeriert und katalogisiert werden? Die ausgetüftelt durchgeplanten schulischen und gesellschaftlichen Abläufe, in die Kinder hineinwachsen, tragen das ihre dazu bei, daß sich Individualität nur in sehr bemessenen Grenzen entfalten kann. Wen wundert's, daß die Kinder irgendwann ausflippen und ihre berechtigte Sehnsucht, ein eigenes, unverwechselbares Wesen zu sein, in rüder Nonkonformität zum Ausdruck bringen.

Eltern und Erzieher sind heute gut beraten, ihren Kindern Freiräume zu schaffen, in denen sie der Vermassung entrinnen können. Aber wissen wir Erwachsenen überhaupt, daß ein jeder einzelne von uns mehr ist als ein numerierter Partikel der Masse Mensch? Wir haben eine Seele, ein Gesicht, eine Stimme, die es so nicht ein zweites Mal unter der Sonne gibt. Ein jeder Mensch ist eine Rarität.

Rarität, das bedeutet selbstverständlich, daß etwas selten ist, und das Seltene ist häufig etwas, dem man besonderen Wert beimißt. Aus der persönlichen Erfahrung weiß man, daß der Löwenzahn, wäre er so selten wie eine Orchidee, höher geschätzt würde. Da er aber in großen Mengen vorkommt, wird er sogar als Unkraut betrachtet und ausgerissen.

Clemens Podewils schreibt über die Amsel:

„Wärst du seltener, Amsel, ‚Goldmund' würden
wir dich nennen, ‚Schwarzkavalier', am Ende
‚Nachtigall'...
Doch zu viele seid ihr, einander jagend
quer durch Gärten, über den Weg ins Buschwerk..."

Weitere Beispiele ließen sich beliebig aufzählen: Eine Briefmarke gewinnt an Wert, wenn nur wenige Ausgaben erscheinen oder wenn es von früher nicht mehr viele gibt, wie das auch für andere Raritäten gilt.

Ähnlich ist es beim Essen. Hier wird das Seltene ebenfalls höher geschätzt als das Alltägliche. Hummer, Kaviar und Trüffel sind Spezialitäten, die wegen ihrer Seltenheit besonders gut munden. Bekäme man sie aber täglich serviert, wäre man ihrer bald überdrüssig. Gerade bei den Nahrungsmitteln haben sich aber die Wertmaßstäbe da und dort verschoben. Galten die Pilze früher als Brot des armen Mannes, so sind sie heute, da sie rarer geworden sind, eine besondere Spezialität. Wenn es gelänge, die Steinpilze und die fast ausgestorbenen Reherl in Massen zu züchten oder Plantagen für Edelweiß, Enzian oder vierblättrige Kleeblätter anzulegen, würden diese Erzeugnisse bald die Hochschätzung des Menschen verlieren.

Es gehört zum Wesen der Rarität, daß sie etwas Besonderes ist. Auch eine bestimmte Situation, die dem Menschen unter gewöhnlichen Umständen alltäglich erscheint, kann zu etwas Wertvollem werden: Wenn man längere Zeit nichts zu trinken bekommt, erscheint der Schluck aus einer frischen Quelle als etwas Besonderes. Um mit Werner Mitsch zu sprechen: „Wo Schmalhans Küchenmeister ist, da zählt man die Kartoffeln zu den Bodenschätzen." Diese Erkenntnis sollte sich der Mensch zu eigen machen. Es liegt sehr häufig an einem selbst, die Einmaligkeit zu erkennen, beziehungsweise aus den vielen Dingen, die einem täglich begegnen, etwas Besonderes zu machen, wie das im „Kleinen Prinz“ von Antoine de Saint-Exupéry aufgezeigt wird. Ein Mensch, ein Tier, eine Pflanze kann für mich einzig werden. Aber das bedarf einiger Anstrengung und man muß versuchen, sich vertraut zu machen. Das kostet ein wenig Zeit, aber es lohnt sich! Man kann mit jemandem zusammen, den man liebt, einem Ort, einem Tag oder einer Stunde besondere Bedeutung geben, sich einen kleinen Flecken Erde zu eigen machen, wo man etwas Bestimmtes erlebt hat. Der Platz, der Duft, die Musik erinnert einen an diese Einmaligkeit. Demnach zählt nicht die Fülle, nicht die Quantität dessen, was man besitzt, sondern das, was man daraus macht. Nicht das Ausmaß der Zeit ist wichtig, sondern wie man sie gestaltet. Im übrigen kann man sich, ohne sofort als Selbstbewunderer zu gelten, vor Augen führen, daß man selbst ein Einzelstück, eine Rarität ist, die es auf der ganzen Welt kein zweites Mal gibt. Wie bemerkt Mark Twain so schön: „Das schönste aller Geheimnisse: ein Genie zu sein und es als einziger zu wissen.«

8. Standpunkte

Erde – Heimat – Guter Stern

Es ist noch gar nicht so lange her, da lebten die meisten Menschen ihr ganzes Leben lang an einem einzigen Ort; dort wurden sie geboren, eingeschult; dort gingen sie in die Lehre, dort heirateten sie, und dort trug man sie zu Grab. Die Kinder unserer Zeit machen eine ganz andere Erfahrung. Ihr Zeitalter ist das Zeitalter der völligen Mobilität. Sie werden in irgendeiner austauschbaren Siedlung A geboren, um schon bald in irgendeine ebenso austauschbare Siedlung in B zu übersiedeln, wo ihre Eltern eine Wohnung beziehen, die nach dem gleichen staatlich geförderten Normgrundriß gestaltet ist wie jene in A. In C werden sie in eine zweckmäßige Betonschule eingeschult, um schon bald in die ebenso zweckmäßige Betonschule in D zu wechseln. Sie studieren in E, verlieben sich in F, ziehen nach G, H, I, J, K, L, M, um endlich in N oder O zu sterben. Zwischendurch fragt man sich: Wo bin ich eigentlich zu Hause?

Ernst Blochs berühmtes Buch „Das Prinzip Hoffnung" endet mit einem Sehnsuchtssatz: „... so entsteht in der Welt etwas, das allen in die Kindheit scheint und worin noch niemand war: Heimat". Kein Wort ist nach dem Krieg so belächelt, verhöhnt und verlästert worden wie dieses Wort: Heimat. Fragen Sie mich nicht, warum. Ich weiß nicht, wie man leben kann, ohne irgendwann und irgendwo einmal in seinem Leben die Erfahrung gemacht zu haben, festen Boden unter den Füßen zu haben. Kinder brauchen eine Welt, die ihnen heimisch zugerichtet ist, die sie erobern und entdecken und durch ihre Geschichte bereichern können. Da, wo Vertrautheit ist, kann Vertrauen wachsen.

Es ist vergebliche Liebesmüh, über die Anonymität und Mobilität unserer Lebensverhältnisse zu lamentieren. Das hilft unseren Kindern nicht. Aber wir können alle unsere Fantasie daransetzen, unseren Kindern doch so etwas wie Heimaterfahrung zu ermöglichen. Wir können dem Staccato immer neuer Dinge und Orte begegnen mit Muße, mit der Einrichtung einer überschaubaren Lebenswelt. Wir können darauf achten, daß die Kinder Beziehung und Liebe entwickeln zu Pflanzen, Tieren, Orten, Menschen. Wenn man im Kleinen lernt, seine Welt zu lieben, wird man auch das Größere lernen, diese Erde zu lieben, sie zu pflegen und zu hüten als das Kostbarste: Erde – Heimat – guter Stern.

Ein Stern unter Billionen, Trillionen
ist nicht gasförmig,
nicht Feuerball,
nicht Kältewüste,
nicht wasserleer,
nicht Steinwüste.
Ein Stern nur gibt Wasser zum Trank,
Luft zum Atmen.
Schenkt Wärme und Kühlung,
läßt wachsen,
gibt den Bäumen ihren Boden,
den Blumen alles,
um zu blühen,
gibt Tieren Nahrung und Wohnung,
schenkt Leben in Fülle.
Und das Beste:
ich habe diesen guten Stern zur Heimat.
Erde – Heimat – guter Stern.

Literaturhinweise

Adorno, Th. W., Erziehung zur Mündigkeit, Vorträge und Gespräche mit *Helmut Becker* 1959–1969, Kadelbach – Frankfurt/Main, 1970

Affemann, R., Woran können wir uns halten?, Freiburg, 1980

Affemann, R., Lernziel Leben: Der Mensch als Maß der Schule, Stuttgart, 1976

Allport, G., Werden der Persönlichkeit, München, 1976

Asperger, H., Haider, F., Befreiung zur Menschlichkeit, Wien, 1976

Bichler, A., Zöpfl, H., Bildungsziel konkret: Entfaltung der eigenen Person, in *Pauli, P., Zöpfl, H.*, Erziehung in der Schule, München, 1979

Bollnow, O. F., Existenzphilosophie und Pädagogik, Versuch über unstetige Formen der Erziehung, Stuttgart, 1959

Brezinka, W., Erziehung als Lebenshilfe, Wien 1968

Brezinka, W., Erziehung und Kulturrevolution, München – Basel, 1974

Burgarsmeier, A., Gedanken über Erziehung zur Ehrfurcht, in: *Rott, Th.*, Wahrheit und Wert in Bildung und Erziehung, Erste Folge, Düsseldorf, 1955

Busch, W., Hausbuch, Köln, 1982

Correll, W., Lernstörungen beim Kind, Donauwörth, 1970

De Saint-Exupéry, A., Der kleine Prinz, Düsseldorf, 1956

Dinkmeyer, D., Mc Kay, G., Erziehung zur Verantwortungsbereitschaft, Ravensburg, 1975

Gehlen, A., Der Mensch, seine Natur und seine Stellung in der Welt, Frankfurt – Bonn, 1964

Goethe, J. W., Pädagogische Provinz nebst verwandten Texten, in: *Flittner, W.*, Goethes pädagogische Ideen, Godesberg, 1948

Guardini, R., Die Lebensalter, in: Werkbund, Würzburg, 1959
Heigl, J., Grundbedingungen der Erziehungswirksamkeit von Lehrplänen und Überlegungen zur Verwirklichung der obersten Bildungsziele „Ehrfurcht vor Gott" und „Achtung vor religiöser Überzeugung", Fürstenzell, 1986
Herbart, J. F., Über die Ästhetische Darstellung der Welt als Hauptgeschäft der Erziehung (1804), in: *Asmus, W., Herbart, J. F.*, Pädagogische Schriften Bd. 1, Düsseldorf-München, 1964
Hochmüller, J., Pawlows mißverstandener Hund, Bad Heilbronn, 1977
Hofmeier, E., Religiöse Erziehung im Elementarbereich, in: Aspekte christlicher Erziehung in der Schule, Regensburg, 1978
Hommes, U., Erinnerungen an die Freude, Freiburg, 1978
Huth, A., Erziehung zur Ehrfurcht, Materialheft für Arbeitsgemeinschaften der katholischen Militärgeistlichen mit Offizieren, Nr. 10, herausgegeben vom katholischen Militärbischofsamt, Bonn, 1967
Jooß, Erich, (Hrsg.), Michael Ende – Worte wie Träume, Freiburg – Basel – Wien 1991
Kay, W., Die moralische Entwicklung des Kindes, Düsseldorf, 1975
Keilhacker, M., Erziehung und Bildung in der Industriegesellschaft, Stuttgart, 1967
Koch, H. G., Christsein: Menschsein, Ostfildern – Stuttgart, 1984
Kriekemans, A., Maßstäbe religiöser, ethischer und sozialer Erziehung, Freiburg, 1961
Kümmel, F., Die Einsicht in das Gute als Aufgabe einer sittlichen Erziehung. Neue pädagogische Bemühungen, Essen, 1968
Maier, H., Zwischenrufe zur Bildungspolitik, Osnabrück, 1972

Maier, H. (Hrsg.), Anstöße, Stuttgart, 1978
Maier, H. (Hrsg.), Aspekte christlicher Erziehung in der Schule, Regensburg, 1978
Müller, M., Existenzphilosophie im geistigen Leben der Gegenwart, Heidelberg, 1967
Nemetscheck, M., Gott im Leben des Kindes, Wien-Innsbruck-München, 1976
Rousseau, J., Emile I, herausgegeben von Reimer, K., Leipzig, 1875
Spranger, E., Lebensformen, geisteswissenschaftliche Psychologie und Ethik der Persönlichkeit, München, Hamburg, 1965
Stippel, F., Die Zerstörung der Person, Donauwörth, 1957
Wasem, E., Helft Kindern leben, Erziehung die den Alltag sieht, Freiburg-Basel-Wien, 1975
Weizsäcker, F. v., Leben und Wirken, München, 1963
Weizsäcker, F. v., Die Tragödie der Wissenschaft, Stuttgart, 1976